教会成長 100倍の秘訣

――量より質――

MORE THAN NUMBERS

教会成長100倍の秘訣／目次

——量より質——

第一章　教会成長と指導者

長年にわたり、教会成長について権威をもって語る能力が与えられることを主に求めてきました。何年も前にこのように祈ったのを覚えています。

「主よ。私の教会にはまだ五万人の会員しかいません。これでは誰が教会成長についての話を聞いてくれるでしょうか」

その後、神が一〇万人の会員を与えてくださったときにも、まだ権威をもって語る資格はないように感じていました。数年前、私は再度、神の前に出てこう祈りました。

「主よ。あなたが二〇万人の会員を与えてくださったなら、今まであなたから教えられた教会成長の原則を語るとき、人々が耳を傾けるのではないでしょうか」

一九八三年には、一つの地域教会として会員数が三〇万人を越えるという歴史的な記録に到達しました。ここまでの会員数に達した教会は今のところ他にないということは事実ですが、まだ教会成長について権威をもって話したり書いたりするには、充分ではないような気がするのです。さらに学ばなければならない未知の分野が多くあるように感じています。

様々な分野において、研究や開発が非常に重要な関心事とされています。しかし、歴史の中で、教会の進展というものは当たり前のこととして捉えられてきました。私たちは、この地上に存在する最も大切なイエス・キリストの教会について、改めて見直す必要があります。

教会は、この世における神の国の現れです。それならば、なぜ教会の健全な進展について、学んだり書いたりすることが少ないのでしょうか。けれども、世の終わりが近づいた現在、神の民の関心が再び教会に向けられつつあるのです。

内側に成長する

ヨイド純福音教会の奇跡は、韓国が伝統的な仏教国であることを考えると、一層際立ったことであることがわかります。若い頃、私自身も仏に向かって祈っていたのを思い出します。私は敬虔な仏教徒の家庭で育ちました。ですから、神が史上最大の教会を建てるために私を用いられたことは、神の恵みという他に説明はできません。

奉仕を始めた当初から教えられた真理は、外側に成長していくためには、まず内側において成長しなければならないということです。つまり、リーダーの内側にある資質を開発していくのです。これは非常に重要なことです。

最近、ソウルの家の近くで建築現場に立ち寄り、彼らが掘っている大きな穴をのぞいてみました。それはあまりにも深く、何ものもその空間を埋めることはできないように見えました。労働者や技師たちが、その深淵の中で注意深く働いていました。私は近くに立っていた一人の人にこう尋ねました。

「なぜこんなにも深く穴を掘っているのですか？」

その紳士は振り向いてにっこり笑うと、こう答えたのです。

「彼らが深く掘り続けているのは、高く高く建てようとしているからです」

人の土台となる性格は、外側から見てもわからないことがあります。同様に建てられた建築物を見ただけでは、土台がどうなっているかを知ることはできません。しかし、その建物に圧力がかかるとき、土台の力が最も重要となってくるのです。教会が成長するためには、指導者たちが強い土台を備えていなければなりません。実際、教会が大きくなるほど、より土台が強くなくてはならないのです。

最近、アメリカ合衆国の大都市において、国際教会セミナーを開いて講義をしていました。そのとき四十代半ばの女性が、私のところに来てこう言いました。

「チョー博士。私の教会が力強く成長するために、私にできることは何でしょうか？」

彼女は真剣に尋ねてきたのです。

私は彼女の目を見ながら、「あなたの牧師はどこにいらっしゃいますか？」と聞きました。

彼女はすぐにこう答えました。

「うちの牧師は、こういった集会には決して来ないのです」

彼女が牧師の無関心について、平気な様子で話すのに気づいて、私はこう言いました。

「あなたにできることは、ご自分の教会に戻ってその牧師のために祈ってあげることですよ。でも、祈るだけではいけません。牧師の働きを助けるために、できることは何でもしてください。その牧師が、教会と牧師のために尽くすあなたの誠実な態度を認めたなら、きっとこのような集会にも進んで来るようになるでしょう」

教会成長は、牧師が率先して導かなければ、決して起こりません。牧師たちが教会成長セミナーに代理人や協力スタッフを送ってくることがよくありますが、充分な結果を得られないことが多いのです。あなたがクリスチャンのグループのリーダーであるなら、あなた自身が積極的に関わるか、そうでなければ他に導く人を見つけなければなりません。

もしもあなたの教会が成長していないなら、この本はあなたのためにあります。あなたの教会が成長しているとしたら、もっと早いペースで成長することを信じてください。そうすれば、この本が必要となるでしょう。あなたがどのような立場の人であっても、本書を注意深く読んでくだされば、決して今までと同じではなくなることを保証します。

態度を変える

神が教会成長の働きを始められる最初の場所は、私たちの心です。あらゆる問題や騒動が起こるのは心からです。主イエスはこう言われました。

「あなたがたは心を騒がしてはなりません。」（ヨハネ一四・1）

同様に、ソロモンはこのように言っています。

「力の限り、見張って、あなたの心を見守れ。いのちの泉はこれからわく。」（箴言四・23）

ソロモンはさらに、人の見るものや聞くものが、どのように心に影響するかということに関して、このように述べています。

「わが子よ。私のことばをよく聞け。私の言うことに耳を傾けよ。それをあなたの目から離さず、あなたの心のうちに保て。」（箴言四・20〜21）

人はどのようにすれば、牧師として、ビジネスマンとして、あるいはいかなる職業にあっても成功を収めることができるのでしょうか。成功の秘訣として第一に大切なのは、心の態度を変えることです。それでは、どうすれば心の態度を変えることができるでしょうか。まず自分が心にどのようなビジョンを抱いているかを調べるのです。間違ったビジョンをもつか、神が与えてくださっている能力に対して小さ過ぎるビジョンをもった場合、心の態度も間違ったものとなります。その結果は、失望し、当惑することになるでしょう。

牧師たちの中には、よく霊的に聞こえる言い訳をして、自分の失敗を覆い隠そうとする人たちもいます。そういった言い逃れを続けることによって、ついには教会が成長しないのは正常なことであるという誤った確信を、自分と会衆に与えてしまうのです。教会成長セミナーにおける私の講義の後、一人の牧師が近づいて来てこう言いました。

「チョー先生。私はあなたに同意できません。神は私たちを選ばれた小数の民として召してくださったと信じています」

信心深そうにため息をついた後、彼はこう続けました。

「私たちは会衆の数を数えたりはしません。神は私たちを人数騒ぎから解放してくださったのです」

このような発言は以前にも聞いていたので、この牧師の言葉に傷ついたりはしませんでした。ただ使徒の働き、特に二章四一節などを学ぶようにと言いました。その箇所で、ルカは最初の集会において三〇〇〇人が救われたことを記しています。ペテロとヨハネの次の伝道集会では、五〇〇〇人が教会に加わったことが記されているのです。最初の二つの集会に加わった人数をルカが記録しなければならないほど重要だと考えたなら、神が人数にも心に留められていることは明らかです。神が重要視されることを私たちが軽視することはできません。

小さな教会で満足しているということは、洞察に欠けているだけでなく、憐れみの心にも欠けているのではないかと思います。まだ三〇億の人々が福音に応答する機会を待っている現在、自分たちだけの小さな集まりで満足しているときではありません。そして教会成長が必要であるなら、神はまず教会指導者たちの心の中から働きを開始されるのです。

ビジョンが行動を制限する

私たちは自分が夢に描く以上の存在になることができません。神の言葉に目をとめ、聖霊との深い交わりをするとき、私たちのビジョンが変わります。あなた自身がビジョンを変えることはできません。しかし、聖霊はあなたのビジョンを変えてくださるのです。

結婚したばかりのとき、私は妻にあまり関心を払いませんでした。非常に忙しいスケジュールの中で牧師として教え、訪問し、祈りを捧げ、そのような奉仕をしていないときは、韓国中を飛び回って伝道集会を開いていました。家に帰るのは服を着替えるためだけで、それが終わるとすぐに、また外出したのです。

しばらくして、妻はふさぎ込むようになり、私に向かってこう叫びました。

「いったいどうして、私と結婚したのですか？　あなたに必要なのは奥さんではなくてお手伝いさんでしょう」

私はすぐに彼女を叱りつけて、「今の言葉はサタンから来るものだ！」と言いました。

正義の怒りを抱いていると確信していながら、私は自分が福音の使者であり、妻が何を言っても神の御心を行い続けるのだと彼女に宣言したのです。

ある日、妻の母が私の所に来てこう言いました。

「息子よ。あなたが娘を愛していることは知っています。しかし、結婚したのですから、その愛を示さなければなりませんよ。夫婦は一緒に時間を過ごし、お互いに理解し合うことを学ばなければならないのです。それも神の栄光を現すことになるのですよ」

神はその言葉を用いて、私の結婚生活だけでなく、聖霊との関係をも変えてくださいました。聖霊が単なる経験であるという間違った概念を捨て、聖霊が生きた人格を備えた神であられるということを知る必要があったのです。

私が聖霊を待ち望み、話しかけたとき、聖霊はご自身を豊かに示してくださり、私のビジョンを変えてくださいました。実際に、私たちが聖霊にしっかりと目をとめるとき、聖霊は信仰という筆を取って神の言葉というインクにつけ、私たちの心のキャンバスに、美しい絵を描いてくださるのです。聖霊によって新しい絵を与えられるとき、私たちは新たな目標と新鮮な心の動機をもつようになります。

聖霊によるビジョンを与えられた人を失望させる障害は何もありません。克服しなければならない主な障害は、「それは不可能ですよ。そんなことは今までなされたことがありません」といった人々の意見です。彼らの問題は、神があなたの心に見せてくださったものを見ることができないことなのです。神がいったんビジョンを与えられたなら、今度はそのビジョンを繰り返し心に描くために時間を費やさなければなりません。

これが私のクリスチャン哲学の基礎です。それは教会成長のすべての土台となるものです。私はこれを「夢と幻の原則」と呼んでいます。私は世界中を回って、この夢と幻の原則がどこにおいても人々の心の態度を変えることができるのを見てきました。

数年前、私はオーストラリアのアッセンブリー教団から、牧師のためのセミナーを開くように依頼されました。そこでは、教会がどうしても成長しないという問題があるようでした。オーストラリアは美しい国で、人々はよく働く力強い人々です。私はいつもオーストラリアの人々を尊敬し、彼らが聖霊の働きに心を開く様子に驚かされています。

講義が始まる前に、何人かの牧師から、オーストラリアにおける教会成長の将来を疑う言葉を聞かされました。

「ここは富裕な社会です。オーストラリアは神の働きよりもスポーツに興味があります」と一人の牧師は失望した様子で語りました。

別の牧師はこう言いました。

「あなたの原則は韓国では通用するかもしれませんが、この国では通用しませんよ」

私は祈りを捧げて後、問題の症状を正しく診断したことを確信しました。彼らは現状に満足していたのです。三〇人から五〇人くらいのメンバーがいて、ほとんどの人々が什一献金を献げていたので、拡張することなく快適に暮らせたのです。しばしば、教会が小さな排他的なクラブになってしまうことがあります。そうなると、教会成長への願いが成長することはありません。

夢と幻を拡大する

私がオーストラリアに着いたときのおかしな出来事は、教会の問題点に関する私の意見を裏付けるものでした。韓国のソウルからオーストラリアまでの旅行は、非常に長旅でした。到着したとき、私は本当に疲れていました。そこで、良いホテルに泊まってシャワーを浴び、適当な食事をしたいと思いました。空港で温かい出迎えを受け、そのホストの人は、私のスーツケースを車に入れてホテルに向かって運転し始めたのです。軽い会話を交わしながら、私の心は食事の後に充分な睡眠をとって次の集会に備えようと考えていました。

車が進んで行くうちに、立派なヒルトン・ホテルを通り過ぎて行きましたが、前方にハイアットが見え、そちらの方向に進んでいました。驚いたことに、私たちはハイアットも通り過ぎ、実際のところ中心街を通り抜けて貧しい地域に入って行ったのです。まもなく、車はYWCAの前で止まりました。私は女性たちのホステルで唯一の男性でした。食堂に入って行くと、いくつかの女性たちのグループが私の方を見て笑っていました。私はテーブルをいくつも通り過ぎ、台所の方に行きました。

ドアの向こう側の壁に、ホステルで唯一の電話がありました。食堂の方を振り向くと、女性たちはまだ笑っていました。私は西洋の動物園に入れられた東洋の動物のように感じました。

「この番号でチョー夫人と話したいのですが。受取人払いでお願いします」と国際電話を入れながら、まだこの奇妙な状況に不安を感じていたのです。

「まあ、あなた。こちらからかけ直しますから、ホテルの電話番号を教えてください」と、妻が電話を通してうれしそうに話しました。

「ちょっと、電話番号はわからないんだけど」と言うと、妻はすぐに何かがおかしいのを察して、「あなた、どこにいるのですか」と強い口調で聞きました。

「こちらの牧師たちが、私をＹＷＣＡに泊まらせたんだよ」とついに私は告白しました。

「早くそこを出てください」と妻はためらわずに言いました。

高級ホテルに泊まるお金を持っていたものの、牧師たちの心を傷つけたくないということを話すと、妻はそこにとどまることに理解を示してくれました。この出来事は、指導者たちの問題点を明らかに示すものでした。彼らは神により大きなことを期待し、信じることができなかったのです。

その週、私は彼らに夢と幻を拡大することを教えることに多くの時間を費やしました。不思議に聞こえるかもしれませんが、神は地上で神の国を表す者たちがビジョンに欠けることにより、ご自身の働きを制限されてしまうのです。どのように夢と幻を拡大するかということを話した後に、私は本書に記した教会成長の原則を教えました。

感謝なことに、あの教会成長セミナー以来、オーストラリアのアッセンブリーズ・オブ・ゴッド教団の教会は、驚くべき成長を遂げました。二年後の調査によると、五〇パーセントの成長率を示したのです。その前まで成長率は一パーセント以下でした。人口はもっと早いペースで増加していたので、実際には年ごとに影響力を失っていたのです。しかし、今はすべてが変わりました。

何がオーストラリアの牧師に起こったのでしょうか。心の態度が変わったのです。聖霊による新しいビジョンを受け取り始めました。そのビジョンをしっかりと抱き続け、ついには実現に至るのを見たのです。本書を読み続けるうちに、この過程はより明確になってくるでしょう。

夢と幻は聖霊の言語

もし私が、本書をハングル語で書いたのならば、皆さんは理解することができなかったはずです。理解できないなら、本書はあなたにとって無用なものです。同様に、私たちは聖霊の言語を理解する必要があります。

神の言語について、パウロは重要な面を教えています。

「彼が信じた神、すなわち死者を生かし、無い者を有るもののようにお呼びになる方の御前で、そうなのです。」（ローマ四・17）

パウロはここで、アブラハムの信仰の立場に関して述べています。実際のところ、アブラハムは夢と幻の領域に入ることを学んだ人物の典型的な例です。アブラハムは決して現状に満足しませんでした。彼は自分が慣れ親しんだ場所や人々を離れ、新しい地に踏み出すことができたのです。

神はアブラハムにこう約束されました。

「あなたは、あなたの生まれ故郷、あなたの父の家を出て、わたしが示す地へ行きなさい。そうす

れば、わたしはあなたを大いなる国民とし、あなたを祝福し、あなたの名を大いなるものとしよう。あなたの名は祝福となる。あなたを祝福する者をわたしは祝福し、あなたをのろう者をわたしはのろう。地上のすべての民族は、あなたによって祝福される。」（創世記十二・1〜3）

彼が自分の環境に目をとめていたなら、神の言われたことを無視してハランにとどまったことでしょう。妻のサラは不妊でした。彼は七五歳です。カナンは彼の知らない土地でした。しかし、アブラハムの中には、どのような障害があっても神に従うという大切な姿勢があったのです。神の約束の成就を見る代わりに、彼は飢饉に遭ってエジプトに逃れました。

エジプトでも、恥ずかしい状況に直面しましたが、そこを通り抜けてカナンへ戻って来ました。ロトから離れたとき、神は再びこう語られたのです。

「さあ、目を上げて、あなたがいる所から北と南、東と西を見渡しなさい。わたしは、あなたが見渡しているこの地全部を、永久にあなたとあなたの子孫とに与えよう。」（創世記創一三・14〜15）

アブラハムは、神が約束されたものを見ることができる所まで来なければなりませんでした。神の約束のうちを歩む前に、まずその約束を見なければならなかったのです。私たちも人生と働きにおいて新たな成功のうちを歩むためには、まずその成功を見る目が必要なのです。

最初、アブラハムが自分の知っている場所から知らない場所へと神に従って行ったことに注目してください。神が約束を成就してくださることを信じていましたが、実際に足を踏み入れる前に、彼は約束の地を見なければならなかったのです。

アブラハムの息子に対する約束についても、原則は同じでした。アブラハムは、星を見上げることによって、約束を見たのです。神は彼に「星を数えてみなさい。あなたの子孫もそのようになる」と言われたのでした。

アブラハムが神に対する従順を示したとき、神がビジョンを与えてくださいました。さらにアブラハムは、そのビジョンが実現することを夢見たのです。彼は夜になると外に出て、数え切れない空の星を眺め、神の約束が実現することを想像しました。アブラハムは、一人の息子を得るというだけでなく、彼の子孫は星のようになると言われたのです。アブラハムの心は、神の約束でいっぱいに満たされました。実際にその約束が実現するまでには、約二五年間も心にその約束を抱き続けなければなりませんでしたが、彼は「死者を生かし、無いものを有るもののようにお呼びになる」聖霊の言語を学び始めていたのです。

聖霊との交わり

神の目的を明らかにされる聖霊の働きについて、パウロはさらにこう述べています。

「目が見たことのないもの、耳が聞いたことのないもの、そして、人の心に思い浮かんだことのないもの、神を愛する者のために、神の備えてくださったものは、みなそうである。」（第一コリント二・9）

そして、イザヤ書六四章四節の引用の後に、彼はこう付け加えています。

「神はこれを、御霊によって私たちに啓示されたのです。」（第一コリント二・10）

私たちが教会成長を願う以上に、神がそれを願っておられることを忘れてはいけません。教会とは、「神の」教会だからなのです。問題は、私たちが正しいビジョンをもっていなかったために、心の態度が間違っていたということなのです。正しいビジョンをもてなかったのは、聖霊との親しい深い交わりに入っていなかったからです。

私は医学学校で学んだことがありますが、病気を扱うためには、症状だけでなく、その原因を取り扱わなければなりません。教会が成長しないというのは、症状に過ぎません。その原因は、指導者が聖霊と交わらないためにビジョンを失っていることなのです。

私たちは本質的に霊的な存在であり、知性と感情をもち、肉体を住まいとしています。新生を体験したときに霊は生き返りましたが、栄養と成長が必要です。聖霊は私たちを導き、助けてくださる慰め主です。聖霊は教会に対して、神の心をもっておられます。聖霊の導きとビジョンを受け入れるなら、皆さんは心の態度を失敗から成功へと変えることでしょう。そして、今まで経験したことのない強い動機をもって、教会成長の原則に従っていくなら、必ず良い結果を見ることになります。

このように態度を変えなければ、本書や他の教会成長に関する本をどれほど読んだとしても、決して人生や働きに変化は起こりません。私はこの原則を、働きを始めた最初の頃に学びました。

私はクリスチャン国でない所で開拓を始めました。聖書学校を出たばかりで、二つの戦争後の貧困と病が満ちているときでした。すべての環境は否定的なものでした。私は断食することを学びましたが、それは霊的であったからではなく、食べるものがなかったからです。これらの原則は簡単に学んだことではありません。私の人生と働きの中で、聖霊がこういった理解を深めてくださるのに何年もかかったのです。

現在私は、一九八四年までに会員五〇万人の教会になるというビジョンをもっています。朝起きるときにも、その人々が私の心を満たし、夜寝るときにも、彼らに今日説教を終えたばかりのように、心の中でそのビジョンが生き生きと成長しているのです。現在の成長率と進行中の建築計画を通し、このビジョンが期限までに実現することを私は疑いません。

最近、ニューヨークで自動車販売を営む夫婦が同じ成長の原則をビジネスにあてはめた話を聞きました。わずか三年のうちに、彼らの特製の車がニューヨーク市で最も大きな販売権を得るようになったのです。神の原則はどのような分野であっても、自動車産業でさえも有効なのです。

聖霊は今が終わりの時であることをよくご存じです。ですから、キリストの花嫁を花婿の再臨のために備えておられます。けれども、現在約五〇億の人々が生きている中で、七〇パーセント以上の人々がキリストを受け入れる機会さえも与えられていないという事実には、厳粛な思いにさせられます。教会がこの偉大な使命に目覚めて各地で成長し始めるなら、再臨のときに天国の人口は地獄の人口よりも多くなっていることでしょう。

世界中に、私たちの教会と同じくらいかそれ以上に大きな教会が、何千何万とできるのも難しいことではありません。教会が成長するという神の願いが実現するのを妨げるのは、指導者のビジョンの欠如です。

「ここでは不可能です。この地域は困難が多すぎます」

こういった否定的な告白は消え去らなければなりません。聖霊の言語を話し始め、人々の心に成功意識を植え付けていく必要があります。

セルフイメージを変える

「チョー先生。私は愚かな罪人です。神が大きな教会を建てるために、私を用いられるはずがありません」と一人の落胆した牧師が言いました。彼は教会を辞退して働きをやめようと考えていたのです。

あなたは、どのようなセルフイメージを持っているでしょうか。自分にどれほど価値があると思いますか。世界に意義深い変化をもたらすために、神はあなたを用いることができるでしょうか。

私は日本の占領下にある国で育ちました。韓国の名前と言語は奪われてしまいました。韓国の歴史を記録した写本は、その五千年の遺産を残すために、土器に入れて隠されたのです。非常に多くの韓国人が日本に連れ去られ、重労働をさせられました。広島と長崎に原爆が落とされたとき、数万人に及ぶ韓国人も殺されました。

もし誰かが子供時代に、私が世界最大の教会を建てるために用いられるようになると言っても、笑い飛ばしたことでしょう。私は熱心な仏教徒であり、変わるつもりはありませんでした。身体は非常に弱く、不治の肺結核と診断されました。けれども、そのような悲惨な状態から、神は私のセルフイメージを変えられたのです。個人的な自分の経験のゆえに、私は未来に希望のない苦境にいる人々の気持ちがわかります。ですから、自分に価値がないと思っている人々のセルフイメージを、神は御子の命が捧げられたほどに尊い神のしもべと変えてくださることを確信しています。私たちは、罪の呪いから解放され、霊・魂・体がその影響を受けているのです。

他の人々が成功するように動機づけるためには、私たち自身の言葉だけでなく、生活をとおして成功の態度を表さなければなりません。牧師が充分なセルフイメージを持っていないために、教会が成長しない雰囲気にあることが多いのです。これは指導者が鍵を握っています。セルフイメージが低い理由としては、次のようなものが考えられます。

●外見
●教育
●訓練
●家族状況
●能力
●健康

これは完全なリストではありませんが、低いセルフイメージの原因となる代表的なものです。

外見

西洋を旅行するときに気づく一つの現象は、太った説教者が多いことです。脂肪と炭水化物の少ない韓国の食生活からは、肥満の問題が決して生じません。けれども、アメリカでは牧師たちが集会の後にたくさん食べるのを頻繁に目にしました。彼らの食事は体重を増やすものばかりです。「チョー先生。私は腺に問題があって体重が増えてしまうのです」といった言い訳をするのを何度も聞きました。

世界の指導的国家の大使に会うとき、共通していることは彼らが立派な外見をしていることです。若くもなくハンサムでもないかもしれませんが、スマートな体型を保っています。彼らは自分たちの国を代表しているので、最高のイメージを保とうとするのは当然のことではないでしょうか。しかし、神の国にも大使たちがいます。彼らは王の王、主の主の国を代表しているのです。

私の意見では、指導者は食生活に気を配り、神が与えてくださった身体を管理することにより、セルフイメージを変えることができます。自分の外見をチェックしてみてください。あなたはキリストの大使として、他の人々がならうことができるようなイメージを表しているでしょうか。もしそうでなければ、変わるのに遅すぎることはありません。

自分についてより良く感じるようになったなら、他の人々もあなたにより好感を抱くようになるでしょう。服装を整え、きちんとした身なりをするのに高いお金はかかりませんが、人々の聞く態度には大きく影響します。彼らは話を聞く前に、あなたの外見を見るので、それが聞く態度に変化を及ぼすのです。

教育

私はもっと正式な教育を受けていたらと思うことがあります。非常に困難な時代に育ったので、充分な教育を受けることはできませんでした。しかし、私は一生学び続けています。人々は私がアメリカのテレビ番組で英語を話しているのを見て驚きます。私の知る限り、アメリカの国内テレビ番組で英語の番組を放送している外国人は私だけです。学校で英語を習ったことは一度もありません。本をとおして学び、多くの質問をし、自分で練習したのです。数年後には英語を自由に話せるようになりました。訪れるほとんどの国で、私は英語の説教を語り、通訳者がその国の言葉に訳します。

どのように短期間のうちに英語を話せるようになったのでしょうか。聖霊によって与えられた願望をもって、熱心に学び練習したからです。そして、聖霊が私のうちにおられるので、キリストをとおして何事でもすることができると信じています。これが成功の秘訣であると思います。

日本に行くと、普通は日本語でメッセージを語ります。日本のテレビ番組にも出て、日本語で話しています。ドイツ語を話す国に行くと、ドイツ語を学ぶように心がけています。なぜ絶えず言葉を学ぶ努力をするのでしょうか。それは自分の召しが韓国だけではなく、世界の国々にあることを知っているからです。他の国々の言語、歴史、文化を知れば知るほど、より効果的に霊的な助けを提供することができるようになります。誰も残る生涯を教育なしで過ごす必要はありません。正式な教育を受けた経験が少ないなら、自分自身を教育すればよいのです。

国々を巡回するとき、その国の人々が自分の母国語をいい加減に話すのを聞くことがあります。イエス・キリストの福音が大切であるとすれば、それにふさわしく話すことが大切です。

訓練・家族・能力

人々のセルフイメージが低いもう一つの理由は自己訓練の欠如にあります。ある指導者たちは、約束の時間より一、二時間も遅れて来ます。交通、仕事の都合、不慮の出来事などは、貧しい言い訳に過ぎません。予想外のことが起こる可能性も考慮に入れて行動するように計画しましょう。交通渋滞なども計算して、早めに出発する習慣を身に付けてください。渋滞がなければ、約束よりも早く着くことになり、相手に敬意を表すことになるでしょう。

自分を訓練することにより、共に働く人々を訓練することもできるようになります。多くの群を牧するために、責任と権威を分与する必要性があるので、私は他の人々を信頼しなければなりません。現在三〇〇人以上のフルタイムの牧師が私の元で働いていますが、私自身が祈りの生活、社会生活、学びに関して訓練されていなければ、神の教会を共に建て上げるために他の人々に頼ることもできません。

罪も低いセルフイメージの主要な原因です。教会成長のために用いられたい人は、聖い生活を送ることが絶対条件です。あなたが見るもの、心をとめるものは、あなたの人格に影響を及ぼします。もし罪を犯しているのであれば、すぐにそれを告白し、神の前に悔い改め聖い生活を送れるように恵みを求めてください。小さな成功は大勝利へとつながり、セルフイメージは劇的に変えられるでしょう。神は愛と赦しの神です。あなたに兄弟を赦すことを要求される神が、どうしてあなたを赦されないことがあるでしょうか。

またあなたの家族状況がどのようなものであれ、セルフイメージを変えることは可能です。イエスは非常に貧しい家庭に生まれましたが、神の御子でした。あなたの人生と務めについての御心を新しい心の目で捉えるとき、すべての社会的障害を乗り越えて成功することができます。

能力は人によって違いますが、成功はすべての人に可能です。問題は自分を他人と比べることから始まります。私たちは友達よりテストの結果が良くないと、すぐに落ち込んで低いセルフイメージをもち始めます。この障害に打ち勝つ方法は、神が自分の前に置かれた目標に目をとめることです。神が私たちに何かをするように言われたとき、必ずそれを達成するための恵みと力を与えてくださいます。

自分をあまりに早く、厳しく裁かないでください。アインシュタインは最初の数学の試験に落ちました。億万長者と呼ばれる人々も、何度も失敗して破産を経験しながら、決してあきらめずにやり続けたのです。失敗したからといって、自分が神の失敗作なのではありません。私自身、失敗をとおして多くの教訓を学び、そのために数え切れない人々を助けることができました。

健康

身体の健康は私にとって最も尊いものです。日曜日に数回の礼拝で奉仕をし、その夜教会成長の大会に向けて海外へ飛び立ちます。そこで火曜日から、多くの集会で奉仕をします。招いた人たちは、私が来る前にどれほど仕事をしてきたかを知らず、私がその地域のためにすべてを注ぎ込んでいると思うのです。私は自分の健康に頼らなければなりません。

神のいやしを信じるだけでなく、私は神が健康を与え支えてくださることを信じています。もちろん身体を管理することによって、神と協力する必要はあります。定期的に運動し、食べる物に気を付けます。甘い物を避け、必要な休みを取ります。神の召しはあまりに重要なので、健康状態によって妨げられてはなりません。

私は長年の病気を経験したことによって、この教訓を学びました。青年時代から肺結核を病んでいたので、他の人々のように強い身体でないことは知っており、今でも働き過ぎる誘惑に打ち勝つように心しています。

健康を妨げる最大の障害の一つはストレスです。教会ですべての働きを一人でこなそうとしていたときは、過労で倒れてしまいました。今は他の人々を信頼することを学び、彼らが失敗しても、それらをとおして学んでくれることを知っています。委ねていくことにより、より少ないエネルギーとストレスでより多くのことができるのです。

教会の指導者の中には、身体的障害を負う方もおられるでしょう。障害が神の働きを妨げるのではなく、それをむしろ利点に変えることが大切です。いやしと回復を神に求めるべきですが、障害があるからといって神の召しを成し遂げない言い訳にはできません。人々は障害そのものよりも、私たちがそれに対してどのような態度をもつかを見ているのです。

最大の障害は人の心と態度の中にあります。私たちは共に働く人々を見守らなければなりません。彼らは私たちのセルフイメージを制限しようとするでしょうか。両親は「お前は役立たずだ。何をしても成功しない。母親にそっくりだ」とか「父親にそっくりだわ」と言ったことがあるでしょうか。しばしば親は自分の欲求不満から話しますが、その言葉が子供たちにどれほど影響を与え続けるかに気づいていないのです。

しかし、私たちは聖霊の力により、親や友人などから来るこのような否定的な影響力から解放されることができます。御言葉をとおして、神が私たちについて何を言われているかを知ることができるのです。私たちが価値のない者であったなら、神が私たちのために御子を死に引き渡し、ご自身にとって特別な教会として召し出されることはなかったでしょう。私たちはただ恵みにより、神が与えてくださった偉大な任務を果たすことができるのです。

ときどき私たちは、神が働かれるように祈り求めた後、神がされることをただ後ろに立って傍観しようとしますが、これは大きな間違いです。神が教会で働かれるときには、私たちをとおして働かれるのです。神が私たちなしで教会成長を起こされるなら、教会はすでに使命を完成し、キリストはすでに再臨されたことでしょう。神は私やあなたをとおして働かれます。ですから私たちの個人的な資源が最重要なのです。

自分の信じている成功を得るとき、私たちはどのような者となっているでしょうか。この質問は、非常に重要です。歴史上最大の教会成長に備えて、私たちの人格は備えられています。試練によって試され、恵みによって勝利へと向かっているのです。これらの過程はすべて、神が私たちを用いたいから起こっていることです。

ようやく教会成長の方法論に関する次の段階を学ぶことができます。もしこの章が自分にあてはまらないと感じたなら、どうぞ読み返してください。自分の問題を理解したと思っている方は、理解は解決の一部に過ぎず、神の恵みに頼って実際に問題を克服するステップを踏み出さなければならないことを忘れないでください。

次章に入る前に、あなたが心の態度を変えられたことを信じます。聖霊と交わり、新しい夢と幻を受け取ってください。そして健全なセルフイメージをもって、次の章へと進みましょう。

第二章　教会成長と信徒

拙著『成功する区域礼拝』は、多くの牧師たちにとって、有益な助けとなりました。その前半の部分は、私が野心と恐れから解放されていく過程について記しています。野心と恐れは、指導者の目を眩まし、成長の鍵である信徒の役割を見失わせるものです。

一日は一四四〇分しかなく、時間は限られています。体力にも限界があり、ある程度まで多くの仕事をすると、身体が休みを必要とします。すべての人と同様、私もこの制限の中に生きていますが、どのようにすれば、一九八四年に五〇万人の信徒を牧会することができるのでしょうか。

私は信徒たちをミニストリーに携わらせる秘訣を学びました。現在、一万八千人の区域長がいます。彼らは給料を受けていない奉仕者であり、教会の基本を形成する人々です。この組織の限りない成功について述べる前に、いくつかの問題点について論じたいと思います。

教会における信徒の役割

英語の辞書を調べると、「信徒」という言葉の定義を読んで驚かされました。「牧師・指導者と区別される会衆の一員。特別な能力や訓練を受けていない人々」と定義付けられていたのです。多くのクリスチャンが信徒の役割について誤解していることを、辞書がそのまま要約してしまったようです。

パウロが記したエペソ人への手紙は、教会内における各自の役割について最も明確に教えています。パウロは牢獄の中で自分の働きを顧み、何時間も熟考した上でこの手紙を書いたのでしょう。環境の変化に気をそらされることなく、最も重要な務めについて、このように教えています。

「こうして、キリストご自身が、ある人々を使徒、ある人を預言者、ある人を伝道者、ある人を牧師また教師として、お立てになったのです。それは、聖徒たちを整えて奉仕の働きをさせ、キリストのからだを建て上げるためであり…」（エペソ四・11～12）

パウロが最も重要な務めとしているのは、奉仕のために信徒を整えることでした。すべての人は、キリストの体に入ったときから奉仕の訓練プログラムに組み込まれることになります。

実際に、使徒の働きを読むと、回心者が活動的になることは選択の問題ではありません。回心者が新しく教会に加わるとき、彼らは生き生きとした信仰に満ちています。けれども、何もしないで教会の椅子に座り続けることによって、ついには消極的なクリスチャンになってしまうのです。

ですから、新しい回心者を奉仕に参加させることが、教会を活性化させる鍵です。長年の経験から、適切な訓練により、信徒たちは最も効果的な伝道をするようになることを私は知っています。

人々をキリストへ導くには、証《あかし》する側とされる側に信頼のかけ橋が必要です。見知らぬ人に伝道して成功することもありますが、たいていは親密な関係がなければなりません。すべての回心者には、家族、親友、会社の同僚といった人間関係があります。その人々は皆、次の回心者として教会に加わる可能性のある人々です。このように何年もかけて培われた信頼関係を軽く見なしてはいけません。

また多くの場合、回心者は赦され受け入れられたという喜びに輝いています。正しく訓練されると、彼らはその信仰を以前からの知人に伝えることができるのです。回心者たちの中には、非常に積極的な人々もいます。深い知識に欠ける熱心さを表す場合もありますが、彼らの力を正しい方向に向けると、非常に効果的な証し人となるのです。

使徒パウロはかつて教会を異端と思い込んで精力的に迫害していましたが、いったんキリストに捕らえられると、今度はキリストを熱心に宣べ伝える証し人になりました。その熱心さのゆえに、多くの迫害を受ける身になったほどです。使徒の働き九章によると、弟子たちはパウロをタルソに連れ出しました。三一節には、興味深い記録があります。

「**こうして教会は、ユダヤ、ガリラヤ、サマリヤの全地にわたり築き上げられて平安を保ち、主を恐れかしこみ、聖霊に励まされて前進し続けたので、信者の数が増えて行った。**」(使徒九・31)

パウロが去った後、教会は休んで平安を保つことができたのです。しかし、パウロは聖霊に訓練され、効果的な証し人となったのでした。

皆さんの教会の中で問題をよく起こす人物は、認められ、チャレンジを受けた経験がないだけなのかもしれません。消極的な人は決して問題を起こしません。あなたの教会における信徒の役割はどのようなものでしょうか。牧師が信徒を、積極的な証し人となる協力者とみなすとき、その教会は力強く成長し始めます。

どのように訓練するのか

新しい回心者が訓練の過程を始めるときに、いくつかの必要なステップがあります。

ステップ1

教会にとって、彼らがいかに重要な存在かを教えます。大きな教会では、一人ひとりの価値が小さいように感じることがあります。しかし、身体の細胞一つひとつが重要であるように、キリストの体の各部分も同様なのです。神が教会に必要な賜物を彼らに与えられていることを教え、彼らが重要であることを理解させなければなりません。

ステップ2

動機を与えましょう。牧師の大切な務めは、信徒を動機づけることです。そのためには、まず自分自身を動機づけなければなりません。第一章で指導者自身について詳しく扱ったのはそのためです。説教には目的があり、聞く人々に意味のあるものでなければなりません。

数年前、あるアメリカ人の牧師が来て、説教をしました。彼はベトナム北部の人たちを非難し、ベトナム戦争の恐ろしさについて語りました。これはアメリカ人には興味深いかもしれませんが、韓国人にとっては退屈な話でした。私は通訳をしながら、自分の説教を付け加えていました。集会後、その牧師は会衆の反応がすばらしいのを喜んでいましたが、人々は彼の説教を聞いて恵まれたわけではありません。私は信徒たちが養われ動機づけられることが大切であると信じているので、彼の説教に自分の説教を付け加えたのです。

ステップ3

彼らを認めましょう。私たちの教会では、訓練コースを修了した人には証書を渡しています。新しい教会員たちはそれを見て、自分たちも認められたいという願いが起こります。

ステップ4

賞賛を与えましょう。普通の人々は、日常生活の中で、他人から賞賛を受けることがほとんどありません。私たちのしたことが価値のあることと認められることを願う気持ちは、すべての人々が抱く感情です。賞賛を受けることによって、自己価値とセルフイメージが高くなるのです。誰もが欠点をもっていますが、同時に賞賛に価する面が必ずあります。積極的にほめることとは、レストランのウェイトレスに対しても、教会員に対しても、同様に効果があるのです。訓練を受けているすべての教会員をほめることにより、他の信徒たちも訓練を受けたいと願うようになります。

訓練を希望する信徒たちのために、必要に応じたプログラムを用意します。私たちの教会には二つの聖書学校があり、一つは信徒向け、もう一つはフルタイムの働き人向けです。私は現在、信徒向けの聖書学校に力を注いでいます。

その過程と目的は明確に定められ、結果も明確に期待されています。すべての回心者は、何を信じ、また信じるのかを教えられなければなりません。回心の個人的な経験だけでは、試練の風が吹くときに通用しません。聖書の土台にしっかりと信仰を根付かせる必要があります。

しかし、牧師を養成しているのではなく、信徒たちが効果的な証し人になるための訓練であることを忘れないでください。ですから、神学ではなく、実際的な訓練が大切です。ビジネスマンは、生計を立てて家族を養う責任があり、仕事を成功させなければなりません。同僚に神学を教えることはできなくても、彼らがわかるようにキリストを伝えることができれば、それでよいのです。

伝道の実際的な訓練によって、証をする方法についても学びます。動機と意欲があっても適切な証ができるとは限りません。またクリスチャン生活を正しく送り、捧げる祝福についても学ぶ必要がありま す。喜んで与えることにより、神がその人を経済的に祝福することができます。ある人は「受けるまでは与えない」と言いましたが、神の原則は「与えることによって受ける」ことです。私たちが受けないのは、与えないことと、神に求めないということが原因なのです。

信徒が二年間のコースを終えると、区域礼拝で教えることができるようになります。信徒たちをあなたのミニストリーの延長と考えることが重要です。一日に十時間余りしか働けないあなたの可能性を引き伸ばし、数え切れない時間の働きを生み出す鍵がここにあります。一度にたくさんの場所にいることも、信徒たちによって可能となります。私は訓練された忠実な信徒たちをとおして、韓国中で同時に働くことができるのです。

パウロの言うとおり、聖徒たちを奉仕のために整えることが私たちの務めです。聖霊によるこの教えに従わなければ、教会は成長しません。信徒の働きは選択の一つではなく、すべての信徒がキリストの証し人となるように神は定められたのです。今度会衆の前に出るときは、一人ひとりの目や顔をよく見てください。あなたの働きの可能性は彼らの中に隠されています。自分の羊である彼らを愛し、また訓練しましょう。

信徒たちがあなたに対して誠実であることを願うように、あなたも彼らに対して誠実に歩んでいるでしょうか。教会員たちは自己の価値観に不安があるかもしれません。指導者は彼らにとって、父親のような存在です。彼らがあなたを尊敬し、言葉だけでなく行いにおいても従う心がなければなりません。

信徒たちが、牧師は次の大きな教会に移るチャンスを伺っていると感じたら、教会成長のために必要な安心感が生まれません。ここで牧師の皆さんに重要な質問をさせてください。現在あなたが任されている群を、今後一〇年間は導いていく心があるでしょうか。その答が無条件の「はい」でなければ、信徒たちは本能的にそれを感じ取ることでしょう。

現在仕えている教会にあなたの人生と将来をかけるまで、力強い教会成長は起こりません。会衆があなたの新しいビジョンに従わなければ、教会は成長していかないのです。あなたの計画がすぐに変わることを感じると、信徒はその計画に従うことができません。信徒たちに確信を与える最善の方法は、あなたがそこにとどまり続けることを示すことです。もちろん、聖霊が違う方向へ導かれるときには従う用意が必要ですが、あなた自身は他の場所へ移る願いをもたないようにしなければなりません。

一つのビジョンに向かって

教会成長のための計画作りについては、後ほど詳しく述べるつもりですが、まずここでは信徒の立場から少し考えてみたいと思います。教会には一つのビジョンが必要です。それは指導者の中から始まるのです。ビジョンを得る方法についてはすでに述べましたが、そのビジョンを会衆に伝えなければなりません。一九八四年に五〇万人の教会員というビジョンを受け取ったとき、私は聖霊によって与えられた目標について深く考えました。これは聖霊との交わりの結果与えられた目標です。

この目標に沿って五年間の計画を立て、予算を組みました。そして、このビジョンと目標、そして計画を人々に伝え、目標達成のために動機づけとなる説教を御言葉から語ったのです。ですから、日曜日の説教は明確な目標に沿うものです。どこに向かうか、なぜ、どのようにそこへ向かうのかを会衆は知っています。この方向づけのために、特別に重要な主題について、信徒たちが具体的な目標に向かって祈り励むことができるように説教を語ります。

信徒たちの心に確信を与えるために、大切なもう一つの点は、正直であるということです。失敗すると、私は会衆の前でそれを告白します。決して自分の誤ちを隠しません。真実を語ることによって、傷つけることはあるかもしれませんが、人々が私の言葉を信用するようになります。誇張したり偽りを言うことほど、信頼を失うものはありません。初めて会衆の前に自分の過ちを告白したとき、私は内側で自分に死にました。私自身の肉的な考えでは、信徒たちがもはや牧師を尊敬しなくなってはいけないから、彼らのためにも隠した方がよいと思っていました。しかし、真実を語り続けることにより、信徒たちはますます私を愛してくれるようになったのです。彼らはもはや私が完全だとは思いませんが、私が正直であることは認めています。

世界中を旅行して大会やクルセードで奉仕をすると、たくさんのお金が入ってきます。そのお金をどのように使うのでしょうか。私が望めば、大きな美しい豪邸に住み、何人もの召使いや高級車を所有して、王様のように生活することもできたでしょう。どのような生活を選んだとしても、信徒たちは愛してくれます。しかし、私の願いは与えることです。他の人に必要があるのを感じると自然に与えてしまいます。私が受けるすべての残りのお金は、世界宣教に捧げています。それは神が与える願いを心の内に置いてくださったからです。

私が与えるのを見て、人々は教えなくても与えるようになります。自分について本書でこのように書くのは難しいことですが、皆さんが成功するためには、喜んで自分をさらけ出したいと思います。これは貧困を信じているという意味ではありません。お金を儲けなければ、神の働きに捧げることもできなかったでしょう。霊的、身体的、経済的に、神が私たちを祝福されることを知っています。けれども、経済的な祝福を受けるためには、まず与えることを学ばなければなりません。神に捧げると、神は豊かに与えてくださいました。

しかし、私はそれを再び神の働きに費やす決心をしています。家内と私は比較的質素な、しかし快適な生活に満足しているので、生活のためにたくさんのお金はいらないのです。

この態度は二つの重要な結果を生じました。世界最大の教会の牧師として、私は常に公衆の目にさらされます。旅行すると、いつも報道記者たちのインタビューを受けます。言葉だけではなく、私の行動と動機が絶えず吟味されるのです。質素で快適な生活を送ることにより、個人生活によって動機を疑われることがありません。もう一つのことは、韓国の税金は西洋のように献金することによって免除されるというシステムがありません。人々は神を愛するゆえに捧げるのです。しかし、私がその模範を示すのを見て、彼らは一層喜んで捧げることになります。

三〇万人以上もいる信徒たち全員と個人的に接することはできませんが、そうしたいという願いはあります。私は信徒たちを愛し、喜んで自分の命を捧げたいと思っています。彼らもそのことを知っています。

彼らに愛を伝え、一人ひとりを訪ね、その必要を満たす方法は何でしょうか。どのようにそれが可能でしょうか。答は単純——区域組織——です。

第三章　区域礼拝と教会成長

最近ある牧師がこう尋ねてきました。

「私たちの教会に区域礼拝を導入しようとしましたが、成功しませんでした。いったい何が間違っていたのでしょうか」

彼の教会がどのように試みたのかを調べて後、いくつかの問題点を発見しました。

問題点

第一に、その牧師は『成功する区域礼拝』を読んでいましたが、彼自身が区域組織に関わっていませんでした。これは致命的な問題です。教会の中に一つのプログラムを作ったからといって、成功するわけではありません。それを実践し、動機づけるために、主任牧師が積極的な役割を果たし続けなければならないのです。

第二に、教会全体にその真理が充分浸透するのを待ちませんでした。教会で新しいことを始めるときには、何でも手っとり早くできるのではありません。まず教会員の間違った概念を取り除き、新しい方法を受け入れる土壌を用意するのです。多くの教会では、務めをするのは牧師であるというのが伝統的な考え方です。牧師は説教し、病人やお年寄りを訪問し、結婚式と葬式を導き、教会員を増やすために雇われているのです。どうして忙しい信徒たちが、牧師の仕事をしなければならないのでしょうか。ですから、教会に植え付けられたこういった間違った概念を変えるのに、数カ月から数年にわたる教えと動機づけが必要となります。

第三に、多くの教会は地図上で区分けをして、各地域に一人のリーダーを選び、「自分の家で集会を始めてください」と言うことによって区域礼拝を実施しようとします。リーダーたちが牧師に従い集会を始めても、多くの場合、それは単に教会の集会が増えたことにしかなりません。その集会に集う人々はすでに教会員なのですから、別の集会に出ても、ほとんど意味がありません。

五つの質問

今挙げたのは、区域礼拝を導入するときに牧師が直面する問題点の数例ですが、他にも皆さんが質問したいことが多くあると思います。ここで次の五つの質問について検討してみましょう。

一、区域礼拝（セルグループ）とは何か
二、区域礼拝はどのように機能するのか
三、どのように区域を組織していくか
四、どのようにリーダーを選ぶか
五、区域礼拝が大きくなったときにどうするか

この五つの質問には、さらに他の多くの質問が含まれています。すべての質問に答えることはできませんが、この代表的な五つの質問に答えることによって、大部分の質問を網羅することができます。

その前に、なぜ区域組織が大切かについて少し触れさせてください。韓国に住む私たちは、共産国からわずか三〇マイルの所に住んでいます。前回共産党が韓国に侵入したとき、彼らは教会と特にその指導者に対して憐れみがありませんでした。西洋に旅行して家に戻って来ると、緊張感が漂っているのを感じることができます。彼らは韓国に侵入する機会を伺っているのです。ですから、私たちは全教会員の記録を安全な場所に保管しています。共産党が攻めて来たら、直ちにすべての記録を破棄するように指示しています。

彼らは私たち指導者を見つけて殺すかもしれませんが、一万八千の区域礼拝をつぶすことはできません。教会の大きな建物を破壊するかもしれませんが、建物が教会なのではありません。教会は毎日、工場、家、会社、レストランなどに集まるのです。日曜日には、ただ主がしてくださったことを共に祝い

礼拝して御言葉を聞くために集います。真の教会は容易に発見して破壊することができません。

またいくつかの大教会は強い牧師を中心としており、その牧師が死ぬか、他へ移ったり、つまづいたりすると、教会が消滅してしまうことがあります。私は自分の教会を創設した牧師ですが、この教会はチョー・ヨンギの周りに建てられたのではなく、主イエス・キリストの教会です。実際的な務めは区域礼拝をとおして行われます。会衆は私を尊敬していますが、私がいなくなってもやっていけるのです。

旅行するときには定期的に電話をして妻と連絡を取ることにしていますが、彼女が「あなたがいなくても何もかもうまくいっていますよ」と言うのを聞いて、以前は腹を立てていました。今は、私がいなくても教会が成長し続けていることは、私の働きに対する賞賛であると受け取っています。自分がいなくても神の働きが前進し続けることは、牧師としてのプライドを傷つけるかもしれません。ですから、第一章で指導者個人の問題を扱ったのです。

個人的な野心や傲慢が教会成長への願いの背後に潜んでいる限り、区域礼拝を成功させることはできません。協力者が成功することに恐れをなしていては、無限の教会成長へとつながる区域礼拝を正しく行うことが困難です。

区域礼拝とは何か

人々は区域礼拝の中で交わりをしますが、これは単なる社交的集まりではありません。家々に集まりますが、単なる家庭集会でもありません。隣人に慈善を行うこともありますが、慈善活動の集まりでもありません。多くの区域礼拝では徹夜祈祷をしますが、それは徹夜祈祷会でもありません。賛美し、祈り、御言葉を学びますが、それは単に教会の集会が増えたということでもありません。区域礼拝とは何でしょうか。

それは教会の基本を形成するものです。教会のプログラムの一つではなく、それ自体が教会のプログラムです。区域礼拝は通常一五家族以下に制限され、私か副牧師によって設定された明確な目標があります。各区域に対する明確な計画が書き記され、訓練を受けた指導者たちが立てられます。また構成員たちは同じような背景をもつ人々から成り立っています。

ここまで忍耐して読んでくださった方々は、教会成長を真に願っている指導者であると仮定して話を進めます。そして、皆さんが祈りの中に私がすでに述べたことを熟考してくださり、力強い教会成長に必要な変化を聖霊が心に起こしてくださっていることを信じます。今後述べることは方法論に関することであり、あなたが今までの部分を飛ばして方法だけをまねようとしても失敗してしまうでしょう。

私の教会の中で、区域礼拝はゆっくりと困難を通過しながら成長してきました。もしこのような本を読んでいれば、不必要な失敗を避けることができただろうと思います。しかし、すべての失敗をとおして、教会が私の能力と限界を越えて成長していくためには、区域礼拝が教会の中心とならなければならないことを学びました。これが成功するためには、また一つ新しいことを試してみるといった軽い気持ちではいけません。区域礼拝があなたの教会に対する神の御心であると確信したなら、そのために忍耐と時間、そして成長するために必要な資源を費やす覚悟が必要です。

最初に始めたとき、執事たちを中心に男性のリーダーたちを立て、家々で集会をさせようとしましたが、『成功する区域礼拝』の中に書いたように、これはうまくいきませんでした。第一に、男性たちは仕事が忙しく、夜遅く帰って来ることがありました。余分な責任を負う力が残っていなかったのです。第二に、実際的で論理的な男性たちは、新しいことを教会全体で始める前に、小規模な実験を試してみるべきだと考えたのです。

彼らの意見はもっともでしたが、私は聖霊の声を聞いたことを確信したので、主の言葉に従わなければなりませんでした。この啓示が与えられたのは、私が重い病気に苦しんでいたときであり、成長する教会の中であらゆる仕事をしようとして肉体的に疲弊しきったときでした。当時教会員は三千人弱で、神が強く語って介入されなければ、私は今ごろ生きていなかったかもしれません。ですから、教会に対する新しいビジョンを聖霊から受け取ることは非常に重要なことです。聖霊からビジョンを受け取らなければ、様々な障害を乗り越えることができないのです。

神はそのとき、女性たちをリーダーとして用いることを示されました。保守的な聖書を信じるクリスチャンとしてだけでなく、韓国人としても、それは革命的なことでした。韓国では一般に男性が指導者になるものと考えられていました。女性の役割は結婚して子供を生み、家庭を守ることでした。社会は少しずつ変わってきていますが、男性主導の文化であることは相変わらずです。ですから、女性たちが教会で責任と権威ある地位に就くことは、区域組織を導入すること以上に革命的でした。

最初の問題は神学的なことです。パウロはこう述べています。

「教会では、妻たちは黙っていなさい。彼らは語ることを許されていません。律法も言うように、服従しなさい。」（第一コリント一四・34）

テモテへの第一の手紙にも、同様の忠告が記されています（第一テモテ十一・12）。けれども、ペテロはペンテコステの日にこう語りました。

「これは、預言者ヨエルによって語られた事です。『神は言われる。終わりの日に、わたしの霊をすべての人に注ぐ。すると、あなたがたの息子や娘は預言し、青年は幻を見、老人は夢を見る。その日、わたしのしもべにも、はしためにも、わたしの霊を注ぐ。すると、彼らは預言する。』」

預言する能力が与えられると約束されているのは、男性だけでなく女性もです。女性たちは、自分自身に預言したのではなく、どこかで誰かに向かって預言したはずです。パウロはローマ人への手紙で、フィベという女性について触れていますが、ここでは「執事」と訳せる言葉を用いています。またテトスへの手紙では、年上の女性たちが、若い女性たちにクリスチャン生活の責任について、教えるようにと勧めています。

また女性の方がより忠実にイエスに従ったことにも気づきました。復活後、イエスは最初にマグダラのマリヤに現れ、マリヤは隠れている弟子たちにその良い知らせを伝えました。祈り、学び続けるうちに、教会の権威の元にいる限り、女性が務めをすることが可能であるという結論に達しました。女性のリーダーたちは、自分勝手な教理を語ることは許されませんが、私の教えを聞いて伝えることはできます。そこで、区域長として女性たちを用いることにしたのです。

女性たちが用いられ始めて様々な障害を克服すると、男性たちも次第に協力的になりました。長年の経験から、女性の働き人たちは忠実であり、信頼に足ることを証言することができます。彼女たちは自分勝手なことをしたり反逆したりせずに、熱心に働いてくれました。女性たちに務めを委ねることを恐れないでください。

成功するための原則

私たちの教会には様々な区域グループがありますが、成功するために基本となる社会的な原則があることに気づきました。それは、共通点をもつ人々が共に集まることです。

教会成長学の権威である親友のピーター・ワグナーは『同じ種類の人々』という著書の中で、同質と異質の人々という主題について論じています。同質とは、同じ種類の人々のことです。同じ種類の人々に奉仕するとき、教会は成長するというのが彼の理論です。ワグナー博士は適切に論じていますが、韓国ではアメリカのような問題はありません。アメリカは急速に多文化・多民族の文化になっています。世界中の人々が自分たちの文化をもって、アメリカに移民しつつあるのです。

韓国では基本的に、五〇〇〇年に及ぶ単一の文化を継続してきたので、同じ民族、同じ言語、同じ文化の人々が住んでいます。けれども、同質の原則はここでも適用できます。教育や職業によって人々を分け、医師、大学教授などの専門的な人々は、ウェイターや工場の職人たちと集まるよりは多くの共通点を分かち合うことができます。地域別に分けるよりも、同種類の人々を集める方が成功しやすいことを私たちは経験してきました。

たとえば、一人の銀行員が区域長となると、経済関係の人々がメンバーとして集まってきます。一時間の区域礼拝は、レストランで開かれるかもしれません。仕事の合間の昼食時などにレストランに集います。目標は一年に二人が救われることであり、その救われた人の家族もやがて救われることを計算に入れています。日々の生活や家族の中で神がなさっていることを分かち合い、互いの必要のために祈ります。時間が終わる前に、救われる可能性のある人について話し合います。それは問題を抱えている同じ職場の人かもしれません。その人が福音に応答するとすれば、それは家族と現在の宗教によって満たされない必要を感じているときでしょう。

その人を区域礼拝に招くわけですが、その際三つの点に注意しなければなりません。

一、安心を与える場所

その人が安心して来られる場所に集いましょう。教会に誘っても来ないかもしれませんが、レストランなら疑いなく来ることができます。

二、同質の人々

その人と関係のある人々が、招待します。異質の人々の所に招かれると、その人は場違いな印象を受けるでしょう。これはいったい、どういう人たちだろうかといぶかしがることになります。少なくとも知り合いが一人はいて、他の人々も同質の人々であれば、その人は安心し、話も互いに通じやすくなるのです。

三、愛とケア

その人が来たとき、いきなり福音を爆弾のように投下するのではなく、愛とケアを示します。福音を行動によって表すのです。区域長だけでなく、グループの全員が彼を助けるように努力します。まもなく、その人も奥さんもイエス・キリストに心を開くようになり、すでに神の家族に加わっているので、家族一緒に教会に行きたいと考えるのは自然の成りゆきとなります。奥さんは婦人たちによる別のグループに入り、また家々で開かれる家族たちの集会に参加するようになるかもしれません。そして、数年のうちに互いを自分たちの一部と感じる強い絆が結ばれます。新しくメンバーとなったその人は、次の回心者のために祈るようになるのです。

一年に二人の回心が目標と書きましたが、もっと多くの人々を導いても良いのは当然のことです。しかし、実現可能で具体的な目標を与えることが肝心です。もし一年に四人を導くことができれば、目標の倍を達成できたことを誇りに思うでしょう。

効果的な方法

このような話はあまりに機械的だと思われたでしょうか。それならば、あなたにとって魂を救うことが大切なことかどうか質問させてください。答が「はい」であるなら、区域組織はあなたのためにあります。地区別に集めるだけでは、共通点の少ない人々が一緒になることが多いようです。これでは異質の人々の集まりになります。一体感を培うのにたくさんの精力と時間がかかり、効果的に失われた人々を導き世話をすることができません。

しかし、この原則は区域組織を導入するときの原則であり、教会全体には当てはまりません。教会には金持ちも貧乏人も、地位の高い人も低い人も、教養のある人もない人も区別なく集います。私たちは皆、一つのからだです。けれども、区域組織を形成するときには、効果的な伝道のために自然の原則を適用するのです。

教会成長運動の父と呼ばれる、ドナルド・マクギャブランは『教会成長と理解する』という著書の中で「人々は障壁を越えずにクリスチャンになることを願っている」と書いています。この経験豊富な学者は、世界中で調査した多くの例を挙げて、同質の原則がいかに有効かを教えています。

最も明白な例は新約聖書に出てきます。最初の教会はユダヤ人の運動として始まり、たくさんのユダヤ人がキリストをメシヤとして受け入れました。初代教会は神殿とシナゴーグに集い、ユダヤ教の祭を続けていました。教会はユダヤ人の間だけで成長し続けました。

ペテロがコルネリオに福音を伝えたとき、初めて異邦人が神の家族として受け入れられました。そのためにペテロは、困難な立場に置かれ、弁明しなければなりませんでした。神がこのイタリア人たちを聖霊に満たされたのですから、ペテロがどうして、神の選んだ人たちに洗礼を拒むことができたでしょうか。

パウロが異邦人たちに伝道し始めると、ユダヤ人たちは激しく反対しました。さらにパウロは、異邦人たちがユダヤの儀式に従わなくてもクリスチャンになれると宣言したとき、ユダヤ人たちはクリスチャンになることによって、ユダヤ人として受け入れられなることを恐れるようになりました。以後、教会は異邦人中心となってきました。ユダヤ人以外に伝道が広がったおかげで、現在私たちは、クリスチャンとなりました。しかし、ここでも人々は本来の自分とかけ離れることなく福音を受け入れようとする原則が表れています。

韓国では区域組織をとおしてこの問題に取り組み、私たちの区域礼拝は様々な同質グループの人々に効果的な方法で伝道しているのです。

三〇の区域ごとに、彼らを牧会する牧師が置かれ、またすべての区域が十二の地域に分けられています。各地域にはその全体を監督する牧師を立てます。もし皆さんが年一度の国際教会成長セミナーに来られたら、私たちの事務所を見学したいと思われるかもしれません。各地域ごとに地図と表が壁に貼られ、軍隊の作戦本部のようです。地域を監督する牧師は熱心に働きます。実際に私たちは戦争中なのです。敵はサタン、戦場は失われた人々の心です。目的は、イエスの再臨までに、できるだけ多くの魂を救いに導くことです。

困難は機会に

ソウルで伝道するときに問題であった一つのことは、高層マンションの住民に福音を伝えることが非常に難しいことでした。けれども、一人の女性区域長がその問題を克服しました。彼女は最も伝道しにくいマンションの一つを標的にし、エレベーターを利用することにしたのです。エレベーターを昇り降りしながら、隣人を助ける機会を伺ったのです。ある婦人が子供を連れて買い物袋を抱えながら入って来たので、手助けをしてあげたのをきっかけに、後ほどその婦人を招いて一緒にお茶を飲みました。翌日、またお茶を飲みながらイエス・キリストの話をし、そのようなことを二、三週間続けた結果、ついに救いへと導いたのです。

まもなく他のクリスチャンも加わり、エレベーター伝道を続けました。今では、そのマンションの住人はほとんどがクリスチャンです。毎週いくつもの区域礼拝がそのマンションで開かれています。

都市が急速に発展していく中で、伝道はマンションを征服し始めています。すべての困難な状況が伝道の機会となるのです。数年前、韓国で労働問題が浮上してきました。残念なことに、あるクリスチャンと名乗る団体が労働者たちを率いてストライキを起こしました。一つの大きな菓子製造会社を狙い、密かに倒産へ追い込もうとしたのです。その会社の社長は私に助けを求めてきたので、協力を約束してその会社に行き、就業時間中に何度か伝道集会を開きました。ストライキのリーダーたちが何人か出て来てイエス・キリストを受け入れ、罪を告白して人生が大きく変えられました。

まもなくその会社で昼食時に区域礼拝が行われるようになり、多くの労働者たちが救われました。その区域グループは五〇人ほどに増えたので、二つに分けられました。短期間に会社の生産性が伸び、社長はクリスチャンたちが最も忠実な良い仕事をする人々であることに気づき、ますます関心を示しました。数カ月後、仏教徒であった社長もついにイエスを救い主として受け入れたのです。

現在、私たちの教会には一万八千の区域グループがありますが、それぞれに証があります。けれども総括して話すなら、教会が区域組織によって機能し始めるとき、教会成長の可能性は無限に伸びていくのです。

区域礼拝はどのように機能するのか

区域礼拝が形成される過程は様々です。課外時間の教室、ホテル、職場、マンションなど、どこでも良いのですが、リーダーが一人立てられます。リーダーは先述した訓練を受けた人であり、大きくなったときに株分けできるように副リーダーを決める責任があります。また一つの区域に一人の会計係がいます。

区域礼拝でお金を集めることについて、私たちが失敗から学んだことを分かち合いましょう。区域礼拝が始まってしばらく経つと、家族意識が生まれてきます。けれども、そこに問題が生じました。ある区域長がメンバーたちにお金を貸し始め、そのことを誰にも報告しなかったのです。それが発見されてから、同様のことを繰り返さないように会計係を定め、回収された献金とそれがどのように使われたかをすべて記録するようにしました。区域のメンバーが経済的な必要を抱えているときは、その人が自立できるまでサポートしますが、すべてが記録されてメンバー全員に明らかにしておきます。これによって誤解を避けることができます。

区域礼拝は社交クラブではありません。私たちの教会では、食事のもてなしなどについて制限を設けています。最初の頃、自分の家に招いた家族は、ご馳走を用意してメンバーたちを楽しませていましたが、次に別の家に集まると、その家族はもっと豪勢な食事を用意しようとして、貧しい家族はその競争に勝てないのでがっかりしてしまいました。そこで制限を設けなければ組織が破壊されてしまうと判断したのです。今では、家々で区域礼拝を開くときには、お茶とビスケット程度しか出さないことに決めています。

時間にも制限が必要です。当初、人々は質問や祈ってほしいことがあるために、区域礼拝を長引かせていましたが、その結果翌日仕事のある人たちが出席しにくくなったのです。もう少しいたいと人々が感じる頃に帰らせるのは、良い原則です。食事でもおいしくてもっと食べたい頃に終えると、最も強い印象が残ります。教会の集会でもこの原則は適用できます。

リーダーを選ぶ

ある人々は、指導者としての資質を自然のうちに備えています。良い牧師は人々を自然に引きつけるクリスチャンがどこにいるかを常に探します。周りの人々とコミュニケーションを取るのが上手な人々は、優れたリーダーになりやすいと言えます。指導者としての資質は、自然のうちに現れてくるものです。私の仕事は、彼らの賜物を生かして教会全体に有益な奉仕をさせることです。

リーダーたちは、学校で訓練を受けるだけでなく、神の働きを最大限にできるように動機づけられます。そのために、良い奉仕をした人々を認める賞与制度があります。

各リーダーのために具体的な目標と計画を設定することは、非常に重要です。一年に一回、私は区域長の集会を開き、聖霊が私に示される目標を伝えます。最近は教会堂に人々が入りきれないので、区域礼拝の成長するペースを抑えなければなりません。日曜日の七回の礼拝の一つに出席するために、人々は一時間以上列を作って並ばなければ座ることができません。

伝道を目的とする

区域礼拝が伝道のための媒体であることを忘れてはいけません。人々が定期的に集まるときに問題となるのは、外側に成長していかないことです。世界の大部分がそうであるように、韓国でも社会の基本は家族です。韓国のある学者は、東洋と西洋を比較してこのように書きました。

「西洋では、家の周りが広く芝生や庭がありますが、内側に壁やドアが多くあります。東洋では、家の外側に垣がありますが、内側には壁やドアが少ないのです」

歴史的・社会的な状況の中で、アジア人は内側で固まりやすい傾向があります。家族だけでなく、親戚一族がよく集まっています。ですから、アジア人はしばしば集団で旅行するのです。韓国人も例外ではなく、社会的な人々であり、家族関係が非常に重要とされています。

区域礼拝に加わる人たちは、互いに家族意識をもつようになります。家族が一緒に過ごすことは楽しいですが、訪問者が来ると態度が変わり、家族と他人が一つになることは難しいと感じます。区域礼拝も同様です。そのままにしておくと、大家族として凝り固まり、新来者を迎えにくくなるので、絶えず伝道の目的を強調しなければならないのです。他者を迎え入れることにより、新しく訓練された人々が教える機会を得ることができます。すべての人は、実践をとおして学びます。誰かに御言葉を教えたならば、その人は日常生活に適用するとき最もよく覚えることができます。

私たちは自分が最も重要と信じることをよく覚えているものです。グループの新しいメンバーが魂を勝ち取る方法と神学を学ぶとき、それを他の人にも伝える機会があるのとないのとでは、熱心さが全く違ってくるのです。絶えず新しい回心者が入って来ることにより、新しく訓練された人々がさらに新しい人々に教え励ます機会が与えられます。

失望しているクリスチャンを助ける

かつて教会員であったが今はどの教会にも行っていないという人々が、どこの教会にもたくさんいます。世界中でこのような人々は増えているようです。教会に来なくなったクリスチャンたちと話すと、彼らは一様にキリストを信じ、自分はクリスチャンだと思っていますが、教会に対してつまづき失望したと言うのです。

ある人々は教会分裂を経験し、また牧師や指導者につまずいた人々もいます。罪を犯して教会に戻るのを恥ずかしく感じている人もいれば、牧師が訪問しないので、無視されたと思っている人もいます。理由が何であれ、近づいていやしをもたらし、連れ戻さなければならない人々は大勢いるのです。

区域長は、伝道の訓練を受け、神がリーダーとしての油注いでくださったことを確信している人々です。同時に、彼らはカウンセリングの訓練も受けています。教会に来なくなった人々を、福音を聞いたことのない人々と同様に扱ってはいけません。彼らがどうして傷ついたのかを、誰かが聞かなければなりません。繰り返しますが、傷ついた理由を聞いてあげるのです。その上で、神の恵みは呼び求めるならどのような人にも及ぶことを示しましょう。

パウロは、私たちが神に愛されている方、イエス・キリストにあって受け入れられていると教えています。私たちが受け入れられるに価するからではなく、御父と御子の関係の中にいるからです。裁いたり責めたりしないで、区域長は傷ついたクリスチャンを他のメンバーに紹介し、皆でケアをします。その人が愛され受け入れられているのを感じると、その人は教会に戻って来るでしょう。

区域礼拝はどの教会にも行っていない傷ついたクリスチャンの必要に応える場所です。いきなり教会に誘ったら断るかもしれませんが、家やレストランのくつろいだ雰囲気の場所へ招いたら、自分の話を打ち明けやすくなります。ある話は真に悲しいものですが、ハッピーエンドに変わる可能性は充分にあるのです。

区域長たちは、神にはできないことがないのを知っています。誠実な心で戻って来るなら、神は必ず傷ついた心をいやし、赦してくださいます。和解の務めは牧師よりも信徒の方が上手な場合が多いのです。たとえば、区域長は傷ついたクリスチャンが牧師に対して抱いている偏見を受ける必要がないかもしれません。牧師につまずいたという人には、信徒の方が接しやすいでしょう。

ですから、未信者だけでなく、教会から離れている信者にいやしと帰ってくる場所を提供するためにも、区域礼拝はすばらしい効果を発揮するのです。

区域礼拝が大きくなり過ぎたとき

失敗のために問題が起こるよりは、成功のために問題が起こる方が良いことだといえます。私たちはいつも、二、三人で始まった区域礼拝が大きくなり過ぎて場所が狭くなり、本来の目的が果たせなくなるのを見てきました。その場合、二つに分けなければなりませんが、ある人々にとってこれは非常に辛いことです。区域礼拝は大きさだけでなく、霊的にも成長し、皆が家族意識を感じ始めています。

成功するためには、分けられたグループのリーダーも彼らが知っている人物でなければなりません。このために、区域長はあらかじめ副リーダーを育てておくのです。また分ける目的を明確にすることも成功の鍵です。区域礼拝の目的は伝道ですから、大きくなり過ぎると人々がイエスを知るのに妨げが生じます。その重要性を理解すると、人々は喜んで二つに分かれるようになります。

いったん分かれると、二人の区域長は定期的に会い、その後の様子を確認し合います。彼らは、メンバー一人ひとりに接し、誰かが入院すると訪問します。個人的な必要も満たされ、二〇〇くらいの小さな教会よりも綿密な牧会を受けることができるのです。

ある日曜日の礼拝後、何台ものバスでやって来た人々に気づいて、そのリーダーに近づきました。「どこから来ましたか?」と尋ねると「チョー先生。私たちはソウルの郊外の区域です」と、誇らしげに言いました。一人の青年がそこで区域礼拝を始め、今はあまりに大勢に増えたので、バスを何台も借りて教会に来ているのです。私自身は五〇キロ以上も離れたその地域の人々を直接牧会することはできませんが、区域礼拝が彼らの必要を充分に満たしています。

教会成長セミナーで区域礼拝について教えるとき、私はよく黒板に三角形を描きます。もし逆三角形にして牧師を底に置くと、一般的な教会が成長する形を表すことになります。教会が大きいほど、牧師の肩に重荷が負わされ、これが今日多くの牧師が疲れ果て、牧会を辞めようとする原因です。彼らは召されていなかったのではなく、教会によって負わされた責任が重すぎたのです。

けれども、区域礼拝によって、牧師が疲れ果てることなく教会成長が可能になります。三角形を正しい位置に戻すと、牧師は一番上になり、教会の大きさに影響を受けなくなります。牧師は自分の務めが信徒たちを整えて奉仕させることであると悟ったのです。

この章で皆さんの疑問がすべて解けたとは思いません。けれども、皆さんの中にもおられる聖霊が、目を開いて区域礼拝が教会成長の新しい時代のための神の計画であることを見させてくださり、信仰と祈りの中で具体的な必要に対する答を与えてくださるでしょう。

ですから「この地域でその方法は通用しないよ」と言う人々の声を聞かないでください。すべての町が、大きくても小さくてもリバイバルへの鍵を秘めています。聖霊との交わりを深めるなら、あなたの地域に対する鍵を教えられるでしょう。神はあなたをとおして教会成長を起こされます。天使をとおしてではありません。空から降って来るものでもありません。それはあなたの心から始まります。韓国だけでなく、地上のどこでもできるのです。

第四章　教会成長とメディア

今日教会に与えられている伝道手段の一つはマスメディアです。私たちの教会の予算は、テレビとラジオ伝道のために多く割かれています。毎日、韓国のどこにいても、私たちのラジオ放送を聞くことができます。週に一度は、韓国中の人々がテレビをとおして福音に接することができます。

福音を語る自由

韓国には、公の放送をとおして福音を語る自由があります。アメリカ合衆国と同様にメディアを規制する通信省が存在しますが、今のところクリスチャン番組に対して、公正な態度を取っています。アメリカと違う点は、クリスチャンだけのテレビ局がないことです。

韓国はまだ完全なクリスチャン国ではありません。人口の半数以上は仏教徒です。しかし、現在与えれている福音を語る自由のゆえに感謝しています。この自由が奪われないようにも祈っています。

世界中を巡回して気づいたことは、公の放送を使って福音を自由に伝えることのできる国は意外に少ないということです。ヨーロッパでは、政府が宗教とメディアに関する規制を変更するように祈ってくださいと、多くの牧師たちに頼まれました。そのような規制のない国々では、福音のためにテレビとラジオを使わない手はありません。

テレビによる伝道

テレビが現存する最も効果的な伝達手段であることに関しては、社会学者も心理学者も同意しています。情報を記憶するためにも、聞くだけより見ることが大きな影響を及ぼすことを、一般に教師たちは知っています。私が聞いたことを覚える一つの方法は、書き留めることです。目が捉えたものは、しっかりと記憶に残るのです。

ある調査によると、私たちの知識の七〇パーセントは視覚から入ってくるそうです。百聞は一見に如かずという格言は、テレビが見る人々にどれほどの影響を与えるかを分析するときにも真実であることがわかります。残念ながら、この巨大な力は長い間世の人々の手に握られてきました。

最近、雑誌『タイム』に、アメリカで暴力が増えている原因は、テレビの暴力シーンが増えていることにあるという記事が載っていました。西洋のテレビを見ると、多くの商品が性的な画面を利用して売られていることにも気づきます。洋服から歯磨き粉まで、何でも性的な暗示のもとに売られているのです。性や暴力に関する潜在的なメッセージをテレビは送り続けています。ある商品などは、画面に写真と文字が瞬間的に映され、見たという認識のないまま潜在意識に働きかけ、店に行くとその商品が買いたくなるという仕組みで売られています（サブリミナル効果）。

アメリカのテレビ局は、ゴールデンアワーの三〇秒のコマーシャルに、莫大な金額を要求します。あるテレビ局は一九八二年のフットボールを放映中の三〇秒に、一〇〇〇万ドルを請求できたそうです。テレビが最も効果的な伝達手段でないのであれば、世の中の経済界が人々に影響を与えるために、それほどの大金をテレビに費やしたりはしないでしょう。

イエスならどうされたか

イエスご自身もテレビやラジオをとおして福音を伝えることを願っておられると、私は心から信じています。イエスはできるだけ多くの人々がご自身の言葉を聞くことができるように工夫をされました。群衆が集まって来ると、イエスは高い丘に登ってより多くの人々が話を聞けるようにされました。海辺では水面に声が反射してより大きなボリュームになるように、ボートに乗ってガラリヤ湖上から語られました。イエスは明らかに、すべての人が聞けるように気を配っておられたのです。

イエスは、神の国の福音を隠れて伝えることもできたでしょう。弟子たちだけに伝えて、後は彼らが人々に伝えるように任せることもできたのですが、飢え渇いて集まって来るすべての人々にご自身の言葉を聞かせられたのです。どこに立って話せば一番よく聞こえるかをイエスは心得ておられました。拡声器がなくても、すべての群衆が話を聞くことができたのです。

テレビから福音を語る方法

私は韓国、日本、アメリカでテレビ番組をもっています。国によって番組の内容が違います。社会状況によって伝道の方法も違うのです。自分たちに相手を合わせることはできません。テレビ伝道を始める前に、聴衆がどのような人々かを調査する必要があります。

アメリカでテレビ伝道を始めるようにと神が語られたとき、私は本当に驚きました。元ソウル市の助役であり、大学教授兼有能な事業家でもあったチャ・イスク博士が、アメリカで私がテレビ番組を始めることを神が示されたというのです。最初、私は反対しました。こう思ったのです。

「なぜ私が世界で最も伝道されているアメリカに行って、テレビ番組を始めなければならないのだろうか？　アメリカにはすでに立派な福音番組がたくさんあるし、東洋人が英語で教えようとしても、アメリカ人は決して受け入れないだろう」

このようなもっともらしい理由が多くあったにもかかわらず、長老であるチャ博士が、真に聖霊の声を聞いたのだという確信は強くなっていきました。そこで私は、聖霊の前に大きな障害を置きました。

チャ先生にこう伝えたのです。

「チャさん。もしあなたがボランティアでこの働きの責任を負われるなら、私もやりましょう」

有能な事業家である彼が自分の高い地位と成功している事業を捨てて、給料も受けずにテレビの仕事に身を投じたりしないだろうと思っていました。私はチャ先生の返事に驚きました。

「チョー先生。聖霊さまが私に事業をやめて主の働きをするように語られたと信じています。喜んでやりますよ」

チャ博士はアメリカの大学からいくつかの博士号を受け、アメリカを愛する人物でしたが、このような冒険的な企画のためにすべてを犠牲にするとは考えも及びませんでした。主な障害が取り除かれたので、神がアメリカでテレビ番組を始めさせようとされていることを確信することができました。このアメリカでのテレビ伝道の経験をもとに、効果的な福音番組を提供するための一〇のステップについて記してみます。

ステップ1　神の導きを知る

福音を語るためにテレビ放送を用いることは、莫大な費用がかかるだけでなく、非常に時間を取られることです。どれほどの犠牲が必要かをあらかじめ知っていたら、聖霊に従うことができなかったかもしれません。続けることができたのは、ひとえに神の導きであることを確信していたからです。

放送の世界に入ることは、サタンの領域に侵入していくことを意味しています。サタンは「空中の権威を持つ支配者」と呼ばれています。テレビ放送を用いて福音を語ることはサタンの領域に割って入ることであり、特別に攻撃を受けやすいのです。

ステップ2　誰を対象に語るかを決める

どのような視聴者を相手にするのでしょうか。明確な目標がなくては、何をしても成功を望むことはできません。ですから、テレビ伝道をするとき、どのような人々に向かって語るかを知らせなければなりません。

私のテレビとラジオ放送では、主に未信者を対象に福音を語ることを目標としています。けれども、アメリカでは教会成長の教えによって、教会を祝福することも必要であることを示されています。アメリカの教会は、宣教とそのサポートをすることにより、世界に与え続けてきましたが、今は彼らも祈られ、祝福される必要があるのです。

ステップ3　自分の務めに合う構成を組み立てる

説教者はいつも自分自身であることが重要です。決して他人を真似てはいけません。最初の頃、私はビリー・グラハムのように立ち、彼のように聖書を手にし、彼のように声を高く上げて語ろうとしていました。けれども、すぐに疲れてしまうのです。祈った結果、ビリー・グラハムがステーキを食べているのに、私はご飯とキムチしか食べていないことに気づきました。今は自分に合った話し方をしています。重要な所では声を上げますが、普段は自然に話すようにしています。

私は教会成長セミナーを世界各地で開くために絶えず旅行しているので、私のテレビ番組も旅行中に撮るようになりました。毎週、世界で神がなさっていることを映すので、視聴者は私と共に様々な国の様子を観て恵まれることができます。また私の務めは聖霊の導きと共に教えを大切にしているので、番組もそのような構成になっています。

最近の番組では、中国の漢字を書いて、そこに示されている福音について説明しました。数千年前から十字架に関する預言的なメッセージが中国語には含まれており、堕落する前の先祖たちが唯一神を信じていたのです。シンガポールで実際に行なったその教えを元に、番組をとおして福音を解き明かすことができました。

私に手紙をくださるのは、ほとんどが教会の指導者たちです。多くの失望した人々が、私も牧師であり彼らを愛していることを知っているので、手紙を書いてきます。番組をとおして送られてくる手紙を読んで私は本当に祝福されます。

あるカリフォルニア南部の牧師はこのように書いてきました。

「私の教会は分裂寸前でした。チョー先生の番組を観て、聖霊によるビジョンを受け取り、長時間祈ることを学びました」

その手紙を読み続けるうちに、涙が私の眼にあふれました。

「今は奉仕に新しい油注ぎが与えられています。分裂の危機は過ぎ去り、長年成長しなかった教会が成長し始めています。チョー先生。テレビをとおして語ってくださっていることを感謝します。教会成長セミナーには行けませんが、毎週テレビをとおして教えられているのです」

ステップ4　一人に向かって話しかける

テレビ伝道をしている多くの説教者の問題は、テレビというメディアの性質を理解していないことです。テレビは個人的な媒体です。公衆劇場ではなく、各家庭の個人的な部屋にいる人々が相手です。ソファに座ってリラックスしている人々は、叫び声に戸惑ってしまうでしょう。誰かがドアをノックしてあなたの居間に上がり、あなたに向かって金切り声を上げられたら、どのように感じるでしょうか。多くのテレビ伝道者はそのように観られています。

私がカメラのレンズを見るときは、一人を相手に話します。その人の居間で一対一になって心を打ち明けるように話しかけるのです。

ステップ5　いつも正直である

テレビには、映画とは別の力があります。それはあなたの行動の背後にある心が現れることです。不誠実や神経質な思いが隠されていると、視聴者はすぐに気づきます。心を開いて真心から語るのなら、人々は本能的にわかるのです。

ステップ6　信頼できる人々に責任を委ねる

番組のディレクターは私と同じ心をもっています。彼は私の考えを察し、私の希望を反映した番組を作成します。彼はテレビの専門家であり、私は全くの素人です。私は聖霊によって福音を語る務めを託された説教者として、彼の指示に従い、協力します。ときには、番組収録中の非常に疲れているとき、彼がこう言うことがあります。

「チョー先生。すみませんが、この部分をもう一度繰り返してください。テープの調子が悪かったようです」

私としては「いいえ、もう疲れました。繰り返したくありません」と言いたいところですが、私は協力的になり、なるべくディレクターの指示通りにすることを学びました。できあがった番組を見ると、指示に従って良かったと思います。

多くの牧師たちは、他人の言うことを聞かず、自分がすべての答をもっていると思い込んでいます。そのために、すべてを自分で考え出さなければなりません。私の成功の秘訣は、人々に責任と権威を委ねることを学んだことにあります。

ステップ7　予算を組む

しっかりと予算を組まなければ、テレビ放送は経済的に一つのミニストリーを破滅に追い込む可能性があります。設備だけでなく、放送時間に莫大な費用がかかるのです。自分が集められると信じる金額を超えた支出があるなら、予算を考え直す必要があります。塔を建てるときには、費用を計算するようにとイエスは言われました。費用をあらかじめ計算することは、将来恥をかかずに済ませることになります。

ステップ8　変化をつける

テレビの画面が何分間も変わらず同じ場面を映し続けることほど退屈なことはありません。良い番組を作成したかどうかを確かめる一つの方法は、音を消して画面だけを観ることです。それでも興味深く観ることができるほど、画面が変化に富んでいるでしょうか。

私たちの務めの大部分は言葉によるものです。神の言葉は、神が著者の心に霊感を与え、言葉として与えられました。牧師たちは言葉以外のコミュニケーションについてはあまり考えません。ボディ・ランゲージや服装などに注意を払うことも少ないのです。そのため、多くのクリスチャンによるテレビ放送は眼に訴えるものではありません。

コミュニケーションの目的は、ある考えを他の人々に伝え、理解してもらうことです。教会で説教するときは、個人ではなく群衆を相手にしています。彼らが応答すると、あなたも反応を示します。彼らの興味が薄くなると、あなたはそれを感じとり、別のテーマに切り換えることができます。

群衆の場合は、周りの人々も反応し、説教者はできるだけ多くの人と目を合わせて語ります。けれども、教会であなたの説教を一時間座って聞き続ける人物でも、自分の居間に座ってテレビをとおして語るあなたの言葉を一時間聞くことはできないものです。

周りの群衆がいない上に、生活の妨げが次々と起こります。ですから、効果的な番組を作成するには言葉だけでなく、画面を絶えず興味深いものにする必要があるのです。メッセージの内容から気をそらせない程度に変化をつけることが大切です。私が話している内容に関して、別の場所で撮影したビデオテープを用いることが、視覚的にも聴覚的にも最も効果的であることを私たちは発見しました。

最近、私はデンマークの旅行について話しました。二つのクルセードで説教した後、有名な人魚の像を背景にして番組を収録したのです。その週に神がなさったことについて語る間、テレビは私が話す内容の場面を映し出しました。視聴者は私の唇の動きばかりを見る代わりに、実際の現場を見ることができました。

今度は、小アジアへ旅行する計画を立てています。パウロの説教をシリーズで語る予定ですが、ただパウロの説教を解説するのではなく、実際にパウロが説教をした場所を訪ねたいのです。トルコとギリシャは、そういった有名な地点を保存してきました。テレビの視聴者たちは話を聴くだけでなく、パウロが語った場所を興味深く観ることでしょう。パウロの教えを伝える最高の機会となることを信じています。

ステップ9　献金を集める方法に気を配る

アメリカのテレビ伝道の問題の一つは献金です。人々をキリストのために勝ち取ることを目的とするテレビ番組が、献金の集め方によって信用を失ってはどうにもなりません。アメリカのクリスチャン番組を観ると、このような献金の募り方を観た未信者たちが、いったいどのように感じるだろうかと考えさせられます。韓国では、テレビでお金を募ることは許されていないので、この問題はありません。

私たちはテレビ放送を続けられるように、国際教会成長（ＣＧＩ）の働きに参加を呼びかけて、人々が祝福されるにつれて献金を捧げるようになります。けれども、献金に関する苦情の手紙が来たことは一度もありません。まず私自身の性格として、お金を乞うくらいなら、放送をやめた方がましだと思うのです。また視聴者が神のなさっておられることを観るとき、正しい判断をし、献金を進んで捧げてくれることを信頼しています。

ステップ10　繰り返しを恐れない

私たち牧師は、一度話したら皆が聞いてくれるものと思い込みやすいのですが、ほとんどの人は、言われたことを覚えていません。六回くらい同じことを繰り返したときに、初めて人々が聞いてくれるという経験をすることがよくあります。イエスご自身も、神の国に関する基本的なことを、繰り返し語られました。違った例話を用い、違った状況の中で、違った人々に語られましたが、同じ基本を繰り返されたのです。実際に、弟子たちはイエスが死んでよみがえられるまで、復活について言われた言葉を聞いても理解することができませんでした。

本当に語る価値のある重要なことなら、何度繰り返して語っても大丈夫です。私は長年にわたり、夢と幻の原則について語ってきましたが、人々が未だに理解していないことにいつも驚かされます。祈るときには具体的に求めることも教え続けてきましたが、まだ本当の意味で聞いていない人々が多いのです。私が自転車と椅子、それにマホガニーの机を与えられた経験から語った後に、その話に恵まれたという人たちと会話を交わすと、彼らは肝心な点を理解していないのです。

この原則はテレビだけでなく、普段の説教にもあてはまります。

日本のテレビ伝道

私たちは日本のいくつかの地方でもテレビ番組を放送しています。アメリカとは全然違った文化の人々を対象にしているので、番組の内容も違います。結果はすばらしいものです。

日本の番組は主に伝道を目的としています。クリスチャンと自称する人々は、日本の人口の〇・五パーセントにも及びません。日本で伝道することは容易なことではないのです。日本には数え切れないほどの神々が存在し、神を表す適切な言葉も見つからないほどです。唯一の生きておられる真の神を普通の日本語で表現するのに、適切な言葉がなかなか見つかりません。

韓国では神を表す「ハナニム」という言葉がありますが、その「ハナ」というのは「唯一の」という意味です。ですから、「ハナニム」と言うと、すぐに聖書の神を指していることが理解できます。日本では、そのような言葉がありません。神というと、「いったいどの神について話しているのですか。アメリカの神、それともイスラエルの神、あるいはヒンズーの神ですか?」と聞かれます。日本の文化を理解し、日本語を語ることにより、一億二千万人以上の失われた人々に福音を効果的に語ることができるのです。

昨年、日本の視聴者の一人がある写真を見せてくれました。その田中さん一家は、私たちの番組を観ている時にイエス・キリストを受け入れ、大阪の事務所に手紙を書いてこられたのです。スタッフの一人が彼らの家に行き、聖書の学び会を始めました。洗礼を受け、教会に加入し、神の言葉が心に根付くようになると、家にあった非常に高価な偶像について、どうしたらよいだろうかと考え始めました。偶像を売り払うべきでしょうか。回心した家族が何かすると、他の親族たちがつまずかないでしょうか。

多くの祈りの後に、彼らは公に偶像を焼く決心をしました。その場面を写真に撮り、私たちに見せてくれたのです。その後、家の中に新しい自由が与えられたそうです。親族の残りの人々も理解し始め、新しい平安を見出すようになりました。

クリスチャン番組の結果

多くの牧師たちは、教会の様子を公開するためにテレビを用い始めます。またテレビ放送によって、新しいメンバーを引き寄せようとする人々もいます。地方のテレビ番組に出ることによって、教会の信用が上がると考える人もいます。これらの理由はみな理にかなったものです。貴重な時間、精力、資源を割いてもテレビを利用する価値はあるのです。

ある婦人がニューヨークにある本部に手紙をくれました。長年寝たきりでしたが、私たちのテレビ番組を観て恵まれているとのことでした。その中で、彼女は祈祷山で韓国のクリスチャンたちが祈っている写真を見ました。私たちの祈祷山では、普通五〇〇〇人から一万人の人たちが、昼も夜も様々な必要のために、韓国と世界のリバイバルのために、そして日本とアメリカの人々に神が訪れてくださるために、祈り続けているのです。彼らが送られてきた祈りの課題を手に、泣きながら祈っている姿がテレビに映し出されたわけですが、それは設定して撮ったものではなく、いつでも彼らはそのように祈っているのです。

手紙を書いたサリー・ポーターという女性は、聖霊に心を動かされ、自分自身も何らかの務めができるようにと祈りました。

「神さま、私が年寄りで病気なのは、ご存じでしょう。家族もお金もありません。私は死ぬのを待っていました。死ぬことができるようにと祈っていました。でも、今は生きたいのです。あの韓国のクリスチャンたちが熱心な祈りによってあなたに仕えているとしたら、私にも何かできるはずです」

私はその手紙を読んで本当に感動しました。返事の手紙の中で、とりなしについて書かれている聖書の箇所をすべて読むようにと勧めました。その後、かなり気分が良くなってきているそうです。今でも家族とお金はありませんが、生きる目的があります。彼女は車椅子で他の患者たちの所に行き、紙切れを渡して祈りの課題を書いてもらい、自分の部屋で一日中、一人ひとりの名前を挙げてその課題のために祈っているのです。彼女は具体的に祈ることを学び、病院の中に良い結果が生じていることを喜んでいます。周りの患者たちや、病院のスタッフさえも、彼女の部屋に来て祈りを要請するようになっているのです。今は、新しい家族ができたように感じているそうです。

これは、その地域で定期的なテレビ伝道を続けていた結果として起こりました。けれども、彼女は決して、私たちの教会には来ませんし、経済的なサポーターになることもありません。しかし、そのカリフォルニアの病院で用いられる積極的な人物へと変えられたのです。

自分の地域の番組をとおして伝道するのであれば、直接的な益を受けて、教会成長につながることでしょう。しかし、たといあなたの教会に参加することはなくても、番組によって祝福を受ける人は多くいます。ただ得ることだけを考えてテレビ伝道をしないでください。自分の町に祝福を与える心でテレビ伝道に携わってください。そのような心で始めるなら、決して失望させられることはないでしょう。

ラジオ伝道

ラジオはコミュニケーションの媒体としては、テレビの陰に隠れてしまっている感がありますが、世界の多くの国々ではテレビのセットを持たない人々が多くいます。第三世界で大衆に福音を伝える方法は、ラジオを用いることです。

私たちは毎日ラジオ放送をとおして韓国中に福音を流しています。また北京語で毎週日曜日には、中国の人々にラジオによる福音を語っています。中国における神の働きについて詳細を書くことはできませんが、中国のキリスト教はかつてなかったほどに成長しています。そこで起きている神の御業について、毎週報告を受け取っています。何万人もの中国人が、続々と救われ教会に加わっているのです。

中国の教会成長も区域組織と同じ原則によって進んでいます。具体的な地域名などについては伏せますが、一般的なことを書くことはできます。私が気を遣うのは、以前中国の教会について公に話したときに、ある集会が政府によって強制的に打ち切られてしまった経験があるからです。

中国のある地域では、区域組織が急速に発展し、共産党も聖霊の働きを止めることができないほどになっています。今の近代化を目指す中国が進展するためには、国の経済発展に貢献する新しい忠実な働き手たちが必要です。

韓国では、もともとクリスチャンが非常に愛国者であることが、教会成長へとつながりました。つまり、「良いクリスチャンは良い韓国人」ということができたのです。日本に占領されたとき、独立運動の先頭に立って国民を導いたのはクリスチャンでした。教会の指導者たちは、そのような中にあって激しい苦難と迫害に遭いました。私たちの成功は殉教者の血の叫びによる部分が大きいと思います。キリスト教が韓国で高い信頼を得るために、彼らは尊い犠牲を払ったのです。

中国も同様です。クリスチャンたちは、外国のいかなる団体にも結びついていません。彼らは献身的なクリスチャンであり、教派の違いもなく、ただ聖書に書かれていることを実践し、「使徒の働き」と同じような御業を目撃しているのです。しかし、それだけではありません。彼らは労働の現場においても、未信者よりもよく働き、生産力があるのです。彼らの勤勉さのゆえに、その地域で伝道を妨げることは生産性を下げる結果になる可能性があると判断され、政府も教会成長を許しています。

中国のその地方で聖書を学ぶ手段の一つが、私たちのラジオ放送です。私が彼らと同じ東洋人であることも幸いし、彼らは西洋からの教えに対するのとは違った感情をもつようです。

ラジオはどこが違うのか

ラジオでは言葉だけが頼りなので、言葉によって具体的な絵を描写しなければなりません。説明するときにも、テレビ以上に詳細を語ることが必要です。人々があなたの言葉を聞いて覚えるためには、聴き手の周囲の視覚的な刺激に優るものを提供しなくてはならないのです。ですから、ラジオをとおして何を語るのか、あらかじめ充分に考えることが大切です。

私は通常、ラジオ放送をとおして語るときには、短く、重要な点を明確にしながら語るように心がけています。長々と話すよりも、短時間に言いたいことを話し、それを何度も繰り返す方が効果的です。ラジオをとおして福音を語ることは、テレビほどの費用がかからず、より小さな教会でも手の届く可能性があります。

また、誰を対象に語るかということも重要です。働きの型によって、対象も変わってきます。クリスチャンに教えることが目的なら、充分な準備をして教えなければなりません。未信者向けに伝道することが目的なら、重要なニュース性のあるテーマを選んで語る必要があります。

ラジオは多様な目的に使われるメディアです。人々は車を運転しながらラジオを聞き、しばしば家の中でラジオをつけたまま外に出てしまうこともあります。テレビほど注意を引きつけないので、人々はラジオをつけたまま離れやすい傾向があるのです。語る内容を入念に準備しなければならないのはそのためです。

メッセージを語る際には、生き生きとした描写を語り、多くの経験を紹介することによって、人々の注意を引きつけることができます。

なぜ牧師がメディアを使うのか

ラジオにしてもテレビにしても、現代のメディアが存在する理由は福音を伝えるためです。教会成長を願う人は、伝道の幅が広がるのを喜ぶでしょう。魂が多く救われるほど、教会に加わりたい人々も増えてきます。

私は牧師たちがこれらのメディアを用いるべきだと信じています。最近は伝道者がメディアを使って福音を語っていますが、私の意見では、伝道者は教会外ではなく教会と共に働くべきです。テレビ伝道やラジオ伝道を専門の働きとしている人々もいますが、誰よりも牧師たちがもっとメディアを利用しなければならないと私は思います。牧師が教会成長に対する重荷を誰よりも持っているからです。

福音と政治

あなたは自分の地域に福音をとおして、より大きな影響を与えることができます。避けなければならない誘惑は、テレビやラジオをとおして福音以外のことを語ることです。私は、アメリカでよく理解される国から来ていることもあり、政治についての意見を求められることがしばしばです。人々はこう尋ねます。

「チョー先生。人権に関する韓国の立場についてどう思われますか？」

私はこう答えることにしています。

「韓国の宗教的な権利に関する立場についてお話しましょう」

政治的な立場について語ることを恐れているわけではありません。恐れる理由などありません。ただ福音の使者として、福音を語ることが自分の使命であると思っています。政治問題に巻き込まれると、神が召してくださったより高い使命から降りなければならなくなります。

こういった誘惑に打ち勝ち、純粋な福音を語りましょう。福音を語るときに、聞く人々が自分たちの社会と政治状況に影響を及ぼすようになるのです。私は三〇万人の教会員をもつことにより、ソウルの社会に多大な影響を与えています。政治家たちは私たちの声に力があることを知り、また私たちが彼らのために祈っていることをも知っています。

パウロはローマ人への手紙の中で、権威ある地位の人々に服従し、彼らのために祈るようにと勧めています。これが他の教会へ宛てた手紙なら理解できたでしょうが、他でもなく、ローマの人々への手紙なのです。それはあの憎らしい独裁者がいた場所であり、パウロがこれを書いた当時、ローマ人はクリスチャンを殺害していたのではなかったでしょうか。けれどもパウロは、宗教的・政治的なすべての権威が神によるものであると書きました。イエスもピラトに、十字架に対してピラトが権威をもっているのは、ただ御父がそれを与えたからだと言われました。

私が最も気にかけるのは、福音を語る自由についてです。社会的な番組が人々の助けにならないという意味ではありません。しかし、人類に与えることのできる最大のものは、彼らが造られた目的を知らせることです。人がいったん自分の価値を語り、神が真にその人を愛しておられることを知ったなら、周囲の環境を変える動機が与えられます。彼は社会に貢献する人物になりたいと思うでしょう。政治・社会的団体に入ることを拒んだために、私は多くの批判を受けました。しかし、彼らが論争している間に、私は歴史上最大の教会を建てているのです。

ですから、メディアは基本的に福音を伝える目的のために用いなければなりません。テレビとラジオにはある種の力があります。特にテレビは、人々があなたを見、個人的に知っているような気持ちを起こさせます。ある意味では不利な立場に立つことでもあります。あなたは番組を作成するとき、レンズを見ているだけですが、何百万もの人々があなたの顔を見るのです。良い仕事をすれば、人々は個人的な知り合いになったように感じます。人格的な問題のある人がこの力を利用しようとすれば、その悪い影響は測り知れません。

ですから、主イエスはまず人の心の動機を取り扱われます。第一章で述べたのはそのことです。有名になり、人々から好かれたいという思いが聖められなければ、高慢や金銭欲、あるいは道徳的な問題によって破壊に導かれることになってしまいます。有名になるほど圧力が増し加わり、より堅固なクリスチャンとしての人格が要求されるのです。

第五章　教会成長と神の国

数年前、ある美しい年配の婦人が私を夕食に招待してくれました。それは私の生涯と奉仕に多大な影響を残す夕べとなりました。元国会議員であったパク女史は、豪勢な韓国料理を前に、自分の証をしてくれたのです。その話の概要を以前にも聞いたことはありましたが、本人の口から直接聞くのは初めてのことでした。

パク婦人の証

「北朝鮮の共産軍がソウルに攻めて来たとき、あまりに急だったので、多くの政治家は南に逃げる機会がありませんでした。私は戸棚から古い衣服を取り出し、行商人のふりを装いました。南に逃げる途中に北朝鮮の兵隊に捕まり、貧しいただの老婆だと言い張りましたが信じてもらえませんでした。尋問のために本部へと連れられて行き、いくら否定しても、彼らは私がうそをついていると言うのでした。『この手は行商人の手にしては柔らか過ぎる』と彼らは言いました。まもなく将校の所に連れ出され、『明日の朝、銃殺する』と、突然の宣告を下されたのです。

廊下は冷たく、じめじめとしていました。上の方からかすかに車の騒音が伝わってくる他は何も聞こえず、私は地下牢に連れて行かれました。所有物は偽装に使ったボロ服だけでした。疲れ切っていたのでコンクリートの床に横たわり、起こったすべてのことを思い巡らしながら、深い悲しみと後悔の念に悩まされました。

『私の栄光の人生がこのように終わるなんて。すべての物を手にし、多くの人々と知り合いだった。でも、今日が最後の夜だわ。明日はいったいどうなるのかしら』

そう思いながら、いつの間にか眠ってしまいました。

深い眠りから覚まされるのは、いつでも辛いものですが、それが最期の日となると、一層辛く感じます。二〇歳くらいの青年が私の腕を乱暴につかみ、階段を上って通りに連れ出しました。まぶしい太陽の光に照らされ、しばらくは目が見えませんでしたが、目が慣れてくると、青年が左肩に担いでいるライフル銃が見えました。

通りを歩いていくと、かつて美しい家々が並んでいた場所に建物の骨組みしか残っていないことに気づきました。早朝の冷たい風から互いを守るかのように、それらは互いに拠りかかっていました。自分の人生の主な出来事を思い起こしながら、目に涙があふれてきました。それまで様々なことに巻き込まれてきました。韓国の女性として、結婚や子育てを置いて反日闘争を導いたのは、普通のことではありませんでした。日本がアメリカに敗れ、ついに解放されたときの興奮を思い出しました。私は人々のために正義を求めて政界に入りましたが、いつの間にか世的な出世争いに巻き込まれていたのです。

それから私の心は、小さなメソジスト教会を思い出しました。説教の時間は退屈でしたが、讃美歌を歌うのは大好きでした。寂しいときには、無意識のうちに好きな讃美歌を口ずさんだものです。私は口の中で、『いつくしみ深き、友なるイエスは』と聞こえないように歌ってみました。一層涙があふれ、心の中でこう言いました。

『私は一度もイエス・キリストを救い主として受け入れたことがなかったわ』

その思いは私をさらに深い痛みと失望の底に陥れました」

十字架上の犯罪人のように

「そのとき、イエスがその場で私を赦し救ってくださるだろうかと考えました。残っている意志の力を振り絞り、私はこう言いました。

『イエスさま。私はもうすぐ死のうとしている罪深い女です。ふさわしくない者ですが、この老女の罪を赦し、十字架上の犯罪人を救われたように、私を救ってください』

突然、喜びが心を満たすのを感じました。胸の鼓動が高鳴り、処刑場に向かいながら不思議そうに私を見ていた青年にも聞こえたに違いありません。私は赦され、自由になったのです。死ぬ準備ができたのです！　キリストなしで人生に備えることもできませんが、イエスだけが与えてくださる確信がなくて死に備えることはさらに不可能なことだと思います。私はうれしくなって大声で歌い出しました。

『つみとが憂いを、包まずのべて、などかは下ろさぬ負えるおもにを』

『黙れ！　歌うのを止めろ』と青年兵士が叫びました。

『なぜ今あなたに従わなければならないのですか？　どちらにしても死ぬわけでしょう。たった今この丘を歩きながら、私はクリスチャンになったのです。残された数分間の人生を救い主イエス・キリストを賛美するために使うだけです』

私はそう言うと、その若者のために別の讃美歌を歌い出しました。昔覚えた讃美歌の歌詞が次々に思い出され、大声で歌い続けたのです。郊外のもう一つの丘の側面に、平らな土地があるのに気づきました。青年はスコップを手に私の墓を掘り始めました。私は讃美歌を歌い続け、彼は土を掘りながらときどき私を見上げました。掘り終えると、彼は目隠し布を私の目に当て、『死んで埋められる前に言い残すことはないか？』と尋ねました。

目隠しはされていましたが、目前の若い死刑執行人の心を見透かすことができるように感じました。私は彼がかわいそうに思えてこう言いました。

『ええ。少しだけ言い残したいことがあります。私は地上ですばらしい人生を送りました。でも、今ここに来る途中、あなたも気づいたように、何かが起こりました。今朝起きたときは恐れでいっぱいでしたが、今は平安と喜びがあります。今朝は名前だけのクリスチャンでしたが、今は救われたのです。ただあなたもこのすばらしい救い主イエス・キリストを知ってくれたらと思います』」

捕われ人を解放されるイエス

「もっと話すことはできましたが、そのとき誰かが私に祈りを促すのを感じました。

『人生最期のひとときを、あなたの魂のために祈るときとしても、よろしいでしょうか』と断わり、彼が掘った墓穴に跪いて祈り始めました。二、三分祈るうちに、青年が泣く声が聞こえました。私は祈り終え、『終わりましたから、どうぞ銃で撃ってください』と言いました。しかし、何も起こりませんでした。何が間違っているのでしょうか。私は再び『終わりましたから、どうぞ私を撃ってください』と言いました。『俺にはできない』と、苦しそうに彼が言いました。墓穴に降り、私の目隠しを取ると、

『母もよくそのように祈ってくれたんだ』と青年は言ったのです。銃で私を撃とうとすると、彼の母親が祈る姿が目に映って撃つことができないと言うのでした。

『命令に従わなければ、あなたが殺されてしまうでしょう』と私は言いました。今は自分のことより青年のことが心配だったのです。

『あなたを殺すことはできません。空に向けて撃ちますから、どうか走って逃げてください』と彼は言いました。そこで私は、安全のために丘の方へ逃げて行ったのです」

パク女史が話を終えたときには、料理を食べるのも忘れて彼女と一緒に涙を流していました。彼女は今天国にいますが、残りの生涯をかけて捕われ人を解放するイエス・キリストの力を政治家たちの間で証を続けました。パク女史は韓国で初めて大統領朝祷会を始め、政治・経済の指導者に多大な影響を与えたのです。彼女は話の終わりに、非常に大切なことを付け加えました。

「チョー先生。あなたはまだ若く、未来があります。一つだけ忘れてほしくないことがあるのです。神の国の福音を宣べ伝えてください。決して横道に反れてはなりません。神の国の福音全体を語ってください。有名になったり、裕福になったとしても、そのために主イエスが伝えたメッセージから離れることがないように気をつけてください。もう一度言います。神の国の福音を宣べ伝えてください」

私はこの韓国の聖徒の言葉を決して忘れることができません。ですから、神の国の福音とその力の現れの大切さについて、ここで分かち合いたいと思います。

神の国の福音

イエスが「御国の福音」と言われた言葉の意味について知る前に、神の国とは何かについて考えてみましょう。神の国には二面性があります。それは未来の側面と、現在の側面です。聖書的に重要なこの主題については、様々な点から論じることができますが、まず神の国がいかに教会成長に結びつくかを理解しなければなりません。この大切な教訓を学んだなら、すべてのクリスチャンの中にある力が解き放たれます。働きの中に、初代教会が経験した聖霊の働きを見ることは可能なのです。

神の国を理解する

歴史の初めから、人類は常に理想社会を求めてきました。ギリシャの有名な哲学者プラトンは、倫理的・政治的な枠組みに基づく理想社会を夢見ました。彼の理想の共和国は未来社会の模範の一つと考えられるようになりましたが、プラトン自身、その政治・社会的哲学は理想主義過ぎて完全に実践することは不可能であると認めていたのです。

旧約聖書の預言者たちは、人々が武装を解き、共に生きる未来について語りました。イザヤは人々が槍をかまに変え、国々が戦争を止めるときが来ると語りました。その平和は劇的な違いをもたらし、狼が子羊と、ヒョウが子供たちと、子牛がライオンと共に仲良く暮らすほどの変化が訪れると予見したのです。

イエスは新しい時代の始まりが近づいたから、悔い改めなさいと説教されました。

「**悔い改めなさい。天の御国が近づいたから。**」（マタイ四・17）

イエスの教え、例話などは、ほとんどが神の国に関することでした。また、弟子たちにはこう祈るように教えられました。

「**御国が来ますように。みこころが天で行なわれるように地でも行なわれますように。**」（マタイ六・

10)アウグスティヌスは神の国が教会と同一であると解釈しました。宗教改革の中では、神の国を再定義することが行われました。カルヴィンは基本的にアウグスティヌスと同意見でしたが、教会のどの面が神の国を現しているかについては違った考えをもっていました。目に見える教会の中で、真の教会だけが地上で神の国を現していると彼は考えたのです。教会には国々を主イエスの主権に従う人々に変える務めが与えられ、神の国という力だけがそれを可能にします。神の国は人々、さらには国々に影響を与え、社会的・政治的・経済的に大きな変化をもたらします。教会はパン種にたとえられ、少しずつ世界に浸透し、歴史のある時点で地はイエス・キリストが主であり王であると宣言するようになります。そのとき、イエスは再臨され、御父によって備えられた御国を治められるというわけです。

　神の国を未来のことでなく現在の社会的状況の中で捉えようとする別の神学者たちもいます。ハーベイ・コックは、神の国を教会によって形成される社会秩序として捉える現代の神学者の一人です。不平等、人種差別、その他の問題は教会によって正され、聖書の言葉は現代の諸問題に適用できるように再定義されるべきだという考え方です。リベラルの教会指導者たちの多くは、保守的な福音派の教会が社会問題に無関心過ぎると見ています。

　私自身の考え方については後ほど記しますが、神学的に捉えるだけでは欠陥があるということを、忘れてはなりません。理論は大切ですが、完璧なものではないのです。神の国とは何かを理解するためには、単純かつ深淵な御言葉というはるかに優れた土台が必要です。神の国に関する、聖書の基本的な原則をいくつか見てみましょう。

聖書はどう語っているか

一、神の国は未来だけでなく、現在に関するものでもあります

「なぜなら、神の国は飲み食いのことではなく、義と平和と聖霊による喜びだからです。」（ローマ一〇・17）

パウロによると、神の国は人間の自然的な存在を越えたものであり、しかも聖霊による実として現在体験できるものです。聖霊との交わりを深めることにより、私たちはその性質にあずかる者と変えられていきます。食べる飲むという生活の日常的なことよりも、神が与えてくださる性質を重視するようになるのです。

二、パウロはまた、聖霊による新生をとおして私たちが神の国に入ったことを教えています

「神は、私たちを暗闇の圧制から救い出して、愛する御子のご支配の中に移してくださいました。」（コロサイ一・13）

この「移して」という言葉はギリシャ語「メテスタセン」であり、反対側に変わるという意味があります。フットボールの試合にたとえて考えてみましょう。競技場の両端に各チームが並んでいます。一

方は暗闇の国、他方は神の国を代表するチームです。試合の途中に、暗闇チームの選手の一人がユニフォームを脱ぎ、反対側のベンチに回って神の国チームのユニフォームに着替えます。そして今度は、暗闇チームに対抗して戦い始めるのです。反対側に変わるとはそういうことです。

私たちも同様に、暗闇の国から、正反対の神の国へと移されたのです。

三、神の国はやがて来る永遠の祝福としても描写されています

「**ですから、兄弟たちよ。ますます熱心に、あなたがたの召されたことと選ばれたこととを確かなものとしなさい。これらのことを行なっていれば、つまずくことなど決してありません。このようにあなたがたは、私たちの主であり救い主であるイエス・キリストの永遠の御国にはいる恵みを豊かに加えられるのです。**」（第二ペテロ一・10〜11）

イエスご自身も未来の御国について語られました。

「**あなたがたに言いますが、たくさんの人が東からも西からも来て、天の御国で、アブラハム、イサク、ヤコブといっしょに食卓に着きます。**」（マタイ八・11）

マタイの福音書一三章では、御国についてさらに具体的な描写をし、収穫の時に振り分けられた後に正しい者たちは、太陽のように輝くと説明されています。

四、イエスご自身が御国の現れでした

「神の国は、人の目で認められるようにして来るものではありません。『そら、ここにある。』とか、『あそこにある』とか言えるようなものではありません。いいですか。神の国は、あなたがたのただ中にあるのです。」（ルカ一七・20～21）

神の国はまさに彼らの中にありました。イエスが彼らの間におられたからです。未来の栄光の現れではなく、現在すぐ目前に御国があることに彼らは気づいていませんでした。パリサイ人たちは、ファンファーレもなく神が働かれることを知らなかったのです。

五、一見逆説的な御国の教えは、バランスを保ちながら理解しなければなりません

イエスはピラトにこう言われました。

「わたしの国はこの世のものではありません。」（ヨハネ一八・36）

またルカの福音書一三章では、神の国はからし種のようなものであり、見える形で現れるものではないと説明されました。しかし、このからし種はいつのまにか成長し、全世界に影響を与えるのです。

こういった聖書の教えは、矛盾ではなく、バランスとして理解することができます。神の国は未来であり、現在でもあります。この世のものではありませんが、この世に影響を与えます。現在入ることができますが、未来に完成するのです。

肉眼で見ることはできませんが、神の国はキリストがおられるすべての場所に存在します。王国とい

う概念を分析すると、多様な理解の方法があることに気づきます。王国という意味のギリシャ語「バイレイア」とヘブル語「マルクス」は王による権威と地位を表しています。そこから、王の権威の元にいる人々や領地をも表すようになったと思われます。ですから、王国と訳される言葉の本来の意味は、権威の性質を指しているといえるかもしれません。

詩篇一四五篇一三節では、詩の形でこの概念が表されています。

「あなたの王国は、永遠にわたる王国。あなたの統治は、代々限りなく続きます。」

古典的なヘブルの詩は、一つの概念を二つの違った表現によって繰り返す習慣がありました。ですから、この詩篇によると、神の王国とは神の統治を意味していることがわかります。

神の統治

ヘロデ大王はイスラエルで人気のある王ではありませんでした。宮の偉観を築き直し、エルサレムに多くの立派な建築を築きましたが、真の意味で王国を所有してはいませんでした。ローマ帝国の権力から離れては、彼の権威に根拠はなかったのです。彼は自分でローマに赴き、正当な理由もなくイスラエルの王となる権限を与えられました。彼は王として生まれたわけでも、預言者に油注がれたわけでもありませんでした。ユダの子孫でもありませんでした。宮廷に住み、王冠をかぶり、ヘロデ王と呼ばれていましたが、正統的な王ではなく、王位をお金で買い取ったに過ぎないのです。

英国には土地を買うと称号も与えられる場所があります。つまり、充分なお金さえあれば身分も買えるわけです。けれども、これは女王によって与えられた称号とは違います。高位の家に生まれたということでもありません。お金によって称号を買っても、それは正統なものではないのです。

これらの点を考慮すると、イエスの教えられた祈りの真意も理解できます。

「御国が来ますように。みこころが天で行なわれるように地でも行なわれますように。」（マタイ六・10）

主イエスの願いは、政治的・社会的な変動によって神が地を治められることではなく、神の権威が天と同様に地でも現されることにあったようです。ですから、神の国とは神の権威と支配の性質を表しているというのが私の見解です。それは正統的な、誰も争うことのできない永遠のものです。神の支配は現在でもあり、未来でもあります。神はいつでも支配者でした。地と全宇宙を創られた方です。神は全能ですが、地上ではご自身が制限されることを許されました。サタンが権威を奪い、この世の君となったのです。サタンはこの世の機構を支配し、世界を覆う空中の支配者としての座に着いています。しかし、神はサタンの思うままに人が支配されるのを放ってはおかず、サタンの領地から脱出する道を備えてくださいました。最後のアダムであるイエス・キリストを送られたのです。

最後のアダムは、最初のアダムが失ったすべてのものと、それ以上のものを信者に与えてくださいました。今や人は愛の関係の中に入れられ、御子にあって受け入れられたのです。キリストはそのためにサタンの領地へと踏み込み、光の国を建てる権利を得なければなりませんでした。神はご自身の言葉に反することはできないので、サタンの権威を弱めるためには、それを剝奪するしか方法がなかったのです。サタンは赤子のイエスを殺そうとし、大人になられたイエスを誘惑しようとしましたが、イエスは勝利を取られました。サタンが第一ラウンドで敗北を喫した後、イエスは御国の力を現し始められたのです。病人はいやされ、悪霊は追い出されました。

イエスは弟子たちに力を与えて遣わされましたが、彼らも試みを受けることになります。七〇人の弟子たちは病人をいやし悪霊を追い出し、自分たちにも権威が与えられたことに驚きました。そして、サタンの最後の挑戦は十字架です。サタンは自分の権威の範囲を超えて賭けに出ました。神の御子を殺し弟子たちを散らそうとしたのです。もはや自分の支配権に矛盾することも恐れませんでした。しかし、イエスは死んだだけではなく、三日目によみがえってサタンとその軍勢を打ち破られたのです。死とハデスの鍵を取り、すべての主と宣言されたのです。

復活し、御父の元に戻られる前に、イエスはこう言われました。

「**わたしには天においても、地においても、いっさいの権威が与えられています。それゆえ、あなたがたは行って、あらゆる国の人々を弟子としなさい。**」（マタイ二八・18〜19）

マルコはさらに力強い言葉を記しています。

「**信じる人々には次のようなしるしが伴います。すなわち、わたしの名によって悪霊を追い出し、新しい言葉を語り、蛇をもつかみ、たとい毒を飲んでも決して害を受けず、また、病人に手を置けば病人はいやされます。**」（マルコ一六・17〜18）

イエスは天の御国の現れは、病人がいやされ悪霊が追い出されることであると、他の箇所で説明されました。サタンに対して最終的な勝利を取られたので、イエスはその権威をすべての信者に与えられたのです。キリストが支配権を取り戻されたという事実は、聖霊によって福音を語るだけでなく、病人をいやし、悪霊を追い出すことによって世に現されます。

一時的な権威

サタンの国は、その性格と持続性において偽りの国であると言えるでしょう。地上の国では、権威を持つだけでなく、それをどれだけ持続させるかが問題になります。王が後継者問題を重視するのはそのためです。世界のある国々では、王妃が跡取りを産まなければ離婚が正当化されることがあります。後継者が生まれることにより、王は国が自分の死後も続くことを知って安心するわけです。

サタンの権威は一時的なものに過ぎませんでした。

「わたしは、おまえと女との間に、敵意を置く。彼は、おまえの頭を踏み砕き、おまえは、彼のかかとにかみつく。」（創世記三・15）

サタンはこの預言の意味を知っていたはずです。古代の戦争において、勝者は敵の頭上に足を置くことによって戦いの終結と勝利を宣言しました。サタンはやがて人の子孫の中から彼の権威を終結させる人物が現れることを知っていました。それは天使ではなく、人でなければなりません。その人こそイエス・キリストでした。

さらに旧約聖書は、ユダ族のエッサイの子孫からキリストが生まれることが預言されていました。サタンが人の子孫を攻撃したのはそのためです。また、地上に住む人々が乱れていきましたが、ノアの家族は汚されていなかったので、神は洪水の後に人類を残されました。サタンはイスラエルの国民を執拗に攻撃し続けました。神の守りがなかったなら、イスラエルは絶滅していたかもしれません。サタンは創世記三章一五節の預言を妨げるために、あらゆる手立てを尽くしたのです。

パウロはエペソ人への手紙一章の中で、キリストの権威はこの世においても後の世においても、すべての支配、権威、名前に優るものであると記しています。ですから、キリストの権威には、限りがありません。

キリストの後継者問題もすでに解決済です。パウロは私たちがキリストの共同相続人であると書きました。私たちもキリストと共に天の所に座らせられたのです。今や大宣教命令を果たし、すべての国々の民を弟子とする権威が与えられています。

神の国の福音とは何か

福音とは、良い知らせのことです。多くの場合、人々は教会に来て良い知らせ以外のあらゆることを聞かされます。サタンが何をしているのか。政治家が何をしているのか。世界で起こっていること、そして反キリストの到来が近いことなどです。クリスチャンが幸せそうに教会に来て、暗い顔をして帰って行くこともあります。良い知らせではなく、悪い知らせばかり聞いたからです。テレビやラジオ、新聞などを見れば、悪いニュースはいくらでもあります。教会の人々は、良いニュースを聞く必要があります。

良い知らせとは、神が完全に支配しておられ、私たちは勝利者であるということです。ときに私は、本を手に取って最後の章を先に読むことがあります。終わりが悲惨であれば、読まない方がよいと判断します。最後に悲しい気持ちになるために、何時間も読み続ける必要がどこにあるのでしょうか。しかし、神の言葉の最後は、明らかに良い結果です。私たちは勝利者なのです。

マタイの福音書一三章一六節は、私たちがいかに特別な存在であるかを教えています。全体の意味を把握できることは幸せなことです。これらの聖句は、私がよく子供たちに与えた美しいパズルのようです。パズルの断片を床に広げると、ある部分は絵の内容がわかりますが、他の部分は全体が完成するまで理解することができません。

預言も同様に、部分的になされます。預言者たちは、聖霊に導かれたことだけを語りました。しかし今は、キリストがすべてのパズルを組み合わせてくださったので、私たちは祝福されています。つまり一つひとつの部分を見て、それらが全体に組み込まれる様子を見ることができるのです。たとえば、イザヤ書五三章を読めば、神が何を意図されたかを理解することができます。

しかし、御国の福音は様々な土壌に蒔かれます。それはサタンの完全な敗北を伝え、私たちに信仰の戦いを戦う勇気を与える唯一のメッセージなので、サタンは何とかしてそれを奪おうとするのです。

御国の言葉は、四種類の土壌に蒔かれます。道端は多くの人々が歩いたために、固くなっています。この種の土壌に落ちた種子は、成長する可能性がありません。これは御言葉に興味がなく、メッセージを心の中に受け入れない人々のことです。

岩地とは、御言葉を聞いて受け入れるのですが、代価を払うのを嫌がるために、その人生が変わらない人々を指しています。

いばらの中とは、御言葉を受け入れても、世の事柄に捕われて実を結ばない人々を表しています。

しかし、神の国の福音を聞き、実を結ぶためにどのような代価でも喜んで払う人々がいます。彼らは成功するために必要な優先順位を定め、与えられた能力を生かして、豊かに実を結ぶのです。

神の国の福音は、聞き、体験し、宣言しなければなりません。初代教会の使徒たちは、神の国が現されるために必要な代価を喜んで払いました。ローマ帝国はユダヤ教の新しいセクトができたくらいでは迫害しなかったでしょう。しかし、クリスチャンたちは大胆に主イエス・キリストが王であることを宣言したので激しく迫害されたのです。

当時の王カエサルは、初代教会にとって一時的な現実でしかありませんでした。はるかに力強い永遠の王、イエス・キリストがおられるのです。病人をいやすことにより、イエスが真の支配者であることを彼らは証明しました。新宗教の御利益について論じたのではなく、実際に奇跡を現したのです。

いやしと教会成長

今日、神のいやしは論争の多い主題です。私自身はいやしについて何の問題も感じません。いやしがなかったら、私は今頃仏教徒として死んでいたはずだからです。不治の肺結核と診断され、死の床についているときに私は回心しました。

けれども、福音派の牧師たちの中には、神のいやしを神学的に受け入れられないと考える人々が多くいることを知っています。私はこの問題についていつも気を遣います。実際に、教会成長セミナーのスポンサーとなってくださる教会や牧師の多くはいやしを行いません。メキシコで開かれた教会成長の大会には四千五百名の教会指導者が集いましたが、その大会の委員長はいやしを神学的に認めない長老派の牧師でした。

私の親友の多くは、神によるいやしは初代教会の時代で終わったと教えられています。聖書の正典が完成した後に、いやしはもはや必要なくなったというのです。私はその神学に同意していませんが、だからといってそれを信じている人々がイエスを愛していないレベルの低い牧師であるとは決して考えません。いつの日かすべての人々が同意するようになるまで、私たちは聖霊が今日教会に与えておられる一致を保つよう努めるべきだと思います。

誠実なクリスチャン同士なのに聖書の解釈において意見が違うことは、皆が暗い部屋に入っていくようなものだといえます。ある人は一つのドアから入り、辺りを見回してこれは居間だと言います。他の人は別のドアから入り、これは食堂だと言います。唯一最善の方法は、光が灯ってすべての部屋の機能が明らかになるまで、互いに愛し合うことです。

ペテロは啓示が段階的に明らかにされていくことについて、このように説明しています。

「**また、私たちは、さらに確かな預言のみことばを持っています。夜明けとなって、明けの明星があなたがたの心の中に上るまでは、暗い所を照らすともしびとして、それに目を留めているとよいのです。**」（第二ペテロ一・19）

ペテロによると、聖書は変貌山で聞こえた神の声以上に預言的な啓示です。ここで、聖書は暗闇に輝く光にたとえられています。「照らす」と訳されている言葉のギリシャ語は段階的現在時制であり、継続する行為を表しています。私たちクリスチャンの聖書理解は、イエス・キリストの再臨のときにはっきりと悟るようになるまで、次第に明るくなり続けるのです。

ですから、読者の中にいやしに関して私と意見の違う方がおられるなら、どうぞつまづかないで、私を愛してください。そうすれば、あなたはこの本をとおして、何かを学ぶかもしれません。あなたがいやしを必要になって初めて意見を変えるということがないように願っています。すでにいやしを信じている方は、私がこの問題について弁解をしているように思われたかもしれませんが、そうではありません。神が今でもいやし主であることは聖書的な真理であると私は確信しています。そして、私たちの地域において神はいやしをとおして御国の力を現してくださっているのです。

私たちの教会では、文字通り数千数万に及ぶいやしの証があります。神が教会員たちに健康を与えてくださることを信じていますが、同時に病人のために祈るときに、神が奇跡を行なってくださることも信じています。もちろん、医学や薬の大切な役割をも認めています。私たちの教会には多くの医師がいますが、神が彼らに与えてくださった能力をとおして病人が回復することもあり、また明らかな奇跡をとおして病人がいやされることもあります。神は両方を用いられるのです。

しかし、神は教会の中で多くの奇跡を現してくださっています。ノンクリスチャンの人々がいやしの御業を見るとき、神が生きておられ、彼らを苦しみから救い出すことのできる方であることを知ることができます。仏陀は人々をいやすことができません。主イエス・キリストだけが、霊・魂・体をいやすことができるのです。

以前ある牧師が私に向かって、奇跡は文明が発展し合理化が進む前のものであり、今は必要のないものだと言いました。私はその意見には反対です。世界中を見回すと、文明人と自称する人々が最も野蛮な行為をするのを見ることがあります。第二次世界大戦の終わりには、最も教育が進み、科学の発展した国であるドイツが歴史上最も恐ろしい残虐行為を行いました。教育が進み行き渡るようになっても、現代の世の中はポルノや性的倒錯、あらゆる汚れによって汚染されています。今こそ聖霊の力が病んでいる社会の必要に応えて現されなければなりません。

韓国では、福音に心を閉ざしていた多くの人々が、自分や家族の病気をとおして心を開き始めることに気づきました。私たちの教会は神が確かに働かれる場所として韓国中に知られています。日曜ごとにすべての人々がいやされるというわけではありませんが、神が何人かの人々を奇跡的にいやされ、人々がそれを言い広めるのです。

聖霊の語りかけ

私たちの教会の長老の一人は、息子が障害を負って歩くことができないので悩んでいました。その少年は突然足の機能が止まり、車椅子を使用しなければならなかったのです。医師は原因を明確に突き止めることができず、ただ「息子さんは一生障害を負って暮らさなければならないでしょう」と言いました。三年間、私は少年のために祈りましたが何も起こりませんでした。育ち盛りの少年にこのような障害を負わせたサタンを憎らしく思いました。

「チョー先生。なぜ僕は病気なのでしょうか」と、ある日少年が牧師室に来て尋ねました。
「神さまが罰を与えなければならないような罪を僕が犯したからでしょうか」

私には答える言葉がありませんでした。しかし、神がこの障害を負わせられたわけではないことは明確に伝えました。

「これはサタンの働きなんだよ。この病気を最終的な状態として受け入れてはいけないよ。サタンは敗北した敵に過ぎないのだから。イエス・キリストの打ち傷によって君はいやされたんだ」

私はそう言って励ましました。この言葉は少年に一時的な希望を与えましたが、やがて皆がその病気を受け入れるようになりました。私たちは障害を負った少年として彼を愛したのです。

妻と私は長老たちと時を過ごすことを喜びとしています。現在五〇人の長老が、教会の役員会として機能しています。ある晩、私たちは皆食事を共にしました。私たちは座って共に韓国料理を楽しんでいました。韓国では辛い料理を食べますが、これは韓国社会の重要な一部です。

そのとき、聖霊が私の心にこう語られました。

「キム長老の所に行き、今晩息子がいやされると告げなさい」

私は妻の方を向いて「今、聖霊さまが語ってくださったよ」と言いました。彼女は私を見てにっこりと微笑みました。妻の名前には恵みという意味がありますが、よくも名付けたものだと思います。彼女はいつも恵みに満ちた態度で振る舞います。彼女は聖霊が何を語られたのかを知らずに「すばらしいわね」と答えました。私はこう言いました。

「聖霊さまは、キム長老の所に行って、息子さんが今晩完全にいやされることを伝えるようにと言われたんだよ」

その言葉を聞いて、食卓に着いている他の人々の手前、あまり表情を変えませんでしたが、彼女は手を伸ばして私の足をつねると、こう言いました。

「チョー・ヨンギ。そんなことをしてはいけません！　今まで何度も祈ったじゃありませんか。そのとおりにならなかったら、あなたはこの地域の笑い者になるだけですよ」

普段は力強い信仰の持ち主である妻でしたが、このときは聖霊の声を聞いていなかったので、自分の理屈を話したのです。

従順の結果

聖霊は再び言われました。

「妻の言葉を聞いてはいけません。キム長老の所に行き、息子が今晩いやされると告げなさい」

その声はますます強くなり、私の心は弱くなりました。

静かに席を外そうとすると、妻が私を見て「どこに行くのですか」と尋ねました。

「どこにも行きません」と私は弱々しく答えました。

私が聖霊の声に聞き従いたくなかったことは、神がご存じです。自分が死んでいくような気持ちでした。しかし、経験上、従うかどうか迷うより従った方が良いことは知っていました。聖霊と共に歩み始めるとき、聴き従うことは非常に大切なことです。聖霊の声を拒み続けると、声は次第に小さくなり、ついにはかき消され、私たちは鈍感になってしまいます。

私はキム長老夫妻の座っている食卓に近寄りました。

しばらくして、キム長老は私を見上げ、「チョー先生。何か問題でもあるのですか？　なぜ私の顔をじろじろ見ているのですか」と尋ねました。

私は深くを息を吸い込み、勇気を出して、「あなたの息子さんは今晩いやされると神さまが語られました」と言いました。

「主をほめたたえます」と言って、キム長老は泣き出しました。キム夫妻はただ座って泣き続けたのです。それは喜びの涙でした。周りに座っていた人々も、一緒になって喜びました。しかし、私は喜べませんでした。むしろ、気分が悪かったのです。

「なぜあんなことを言ってしまったのだろうか」と、私は席に戻って妻に言いました。

「あなたが私の言うことを聞かないからよ」と妻は答えました。

聖霊が臨まれると偉大な信仰がありますが、特別な臨在が去ると人間的な考えが支配して、主に従ったことを後悔するときがあります。しかし、私は決して人間的な考えが心を支配しないようにすることを学びました。感情ではなく、いつも聖霊に導かれて歩むように気をつけなければなりません。

キム長老は家に戻ると、息子がいやされることを期待しました。しかし、少年はベッドを這いながら動くだけで、歩くことはできませんでした。両親は彼の部屋に入り、私が話したことを伝えました。それでも、まだ少年は歩くことができませんでした。両親は、私が決して軽々しく「神が語られた」などと言わないことを知っていたので、少年の腕を取って立たせると「イエス・キリストの御名によって、今晩お前はいやされる。神が牧師に語られたことを、私たちは信じている。イエスの御名によって歩きなさい！」と宣言したのです。数分後、少年は足に何かを感じ始めました。

私はその夜眠ることができず、ベッドに横たわりながら、明日はどうなるのだろうかと思っていました。何も起こらなければ、私が恥をかくというだけでなく、私たちの地域で神の御名がそしられることになるのを心配していたのです。

キム長老の家では、少年が足に新しい力を感じ始めていました。

「お父さん。足がびりびりするのを感じるよ」と少年は言いました。しばらくして、少年は歩き始めたのです。両親は大喜びしましたが、私に電話をしませんでした。

翌朝、その少年が家の近所を走りながら皆に何が起こったかを伝えて回ったということを私は聞きました。その町の仏教徒や他のノンクリスチャンたちは、少年の状況をよく知っていたので、皆神の力に驚きました。神のいやしの力が現されることによって、その地域の人々の多くが救われたのです。神の国が現され、人々がイエス・キリストに立ち帰ったのでした。

神は私の名誉のためではなく、ご自身の栄光のために病人をいやすことを願っておられました。しかし、三年間、その少年は苦しみました。なぜでしょうか。完全な答えを出すことも、弁明することもできません。それらは私の理解を超えています。けれども、神がいやすことのできる方であり、私たちが御言葉と聖霊の声に従うなら、ご自身の力を現してくださるのです。

サタンを縛る

私たちは悪魔の存在が現実であることを信じています。単に悪を擬人化して呼んでいるのではなく、イエスが現実におられるのと同様に、悪魔も現実の存在なのです。神はモーセに、「わたしは在る」という方がモーセを遣わすと語られました。サタンは自分が在ってない存在だと言うかもしれません。サタンがいないという偽りを信じることは、サタンに対する防御を失うことになります。

私たちの教会では、祈るときにイエスによって与えられた権威を用いることを学びました。イエスはペテロと弟子たちに、「あなたがたが地上で縛るものは天でも縛られる」と言われました。私たちは血肉と戦うのではないのです。最も注意しなければならない敵は、国境の北側の共産軍ではありません。真の敵は、北朝鮮の共産主義の背後に働く悪の力なのです。ですから、私たちは地域に働くサタンの力を縛ります。世界の民主主義国家の軍隊を総動員した以上の働きを、一致の祈りによって成し遂げることができるのです。

モーセは戦争のときに手を上げて祈ることにより、勝利をおさめる秘訣を学びました。私たちはイエス・キリストによって権威と力を与えられているのです。

成長している生きた教会のクリスチャンたちは、自分がイエス・キリストにあってどのような存在であるかをわきまえています。私たちが圧倒的な勝利者であることを知っているのです。私たちの戦いの武器は血肉のものではなく、敵の要塞を打ち破るほどに力強いものであることを理解しています。そのようなクリスチャンたちは敵を恐れず、しかも敵の策略を知っています。悪魔との戦いが現実のものであることを知っているので、いつも目を覚ましているのです。

神の国の、言葉の種子が、韓国では良い土壌に落ちていることを神に感謝しています。それはおそらく、私たちの国民が深い苦しみを体験してきたからかもしれません。過去半世紀のうちに、私たちは二つの戦争を体験しました。ですから、神の約束を決して軽くみなすことはしません。

初代教会も苦難を経験していました。ローマ帝国に迫害され、彼らはキリストのために死ぬことがどういうことかを知っていたのです。パトモスでヨハネをとおしてキリストが教会に手紙を送られたのはそのためです。ヨハネの黙示録は、その内容を理解できない人々にとっては恐ろしく思えますが、全体の文脈を把握したなら、私たちはキリストがすべてを支配される主であることを認識することができます。反キリストがまもなく現れるとしても、今後どのような苦難を通されるとしても、イエス・キリストが完全に支配し、すでに最終的な勝利を取ってくださったのです。この復活の主に対する強い確信によって、初代教会は堅く立って迫害者に打ち勝つことができました。

　そうです。初代教会は征服者を征服したのです。戦車や騎兵によるのではなく、神の国の福音のメッセージによってです。ローマは絶滅したのではなく、キリスト教に改宗したのでした。イエス・キリストが主であることをついに認め、コンスタンティヌス皇帝はさらに偉大な王であるイエス・キリストの元に膝を屈めたのです。

　世界中の教会で、毎週講壇から神の国の福音が語られなければなりません。そうすれば、人々は私たちの仕え、愛する主について興奮して喜ぶことでしょう。

　教会で礼拝されている神が、生きて働かれる方であることを地域の罪人たちが認めたなら、必ずその地域の教会は成長するようになります。神は彼らの必要を満たされる方です。差し迫る必要を持つ人々は、高慢であることができません。自分の必要を感じない人だけが教会の働きを無視するのです。しかし、すべての人がキリストを必要とする立場に立つときがあります。そのとき、あなたの教会で神が働かれていることを人々が知ったなら、彼らは神の国の現れを求めて必ずやって来ることでしょう。

第六章　教会成長とリバイバル

リバイバルの定義

リバイバルとは何でしょうか。カールトン・ブースは次のような優れた定義をしています。

「リバイバルを表す動詞のヘブル語『ハヤ』とギリシャ語『アナザオ』には、死の状態から命を吹き返すという意味があります。今日、しばしばリバイバルを伝道という意味に勘違いして用いることがありますが、この言葉にはそれ以上の力が含まれているのです。伝道とは良い知らせを伝えることであり、リバイバルとは新しい命を得ることです。伝道は人が神のために働くことであり、リバイバルは神が主権的に人のために働いてくださることです。リバイバル集会を開くという言い方は、正確な言葉の使い方ではありません。聖霊以外の誰も、人々の興味を起こし、良心を目覚めさせ、霊的な命を吹き込むことはできないのです。個人、地域、教会、国の中で、そのような働きをすることができるのは、ただ聖霊だけです。

神だけが命の与え主であるゆえに、人がリバイバルを企画することはできません。しかし、暗闇が深まり、道徳的な退廃が進み、教会が冷たく、なまぬるく、死んだ状態になり、時が満ちて、いく人かの熱心なクリスチャンたちが心から「**あなたは、私たちを再び生かされないのですか。あなたの民があなたによって喜ぶために。**」（詩篇八五篇6節）と祈るとき、もう一度リバイバルがこの地に起こる時が来たことを歴史は教えています。リバイバルの中では、常に神の裁き、罪の告白、悔い改め、救いを信仰によって受け取ること、聖書の権威、クリスチャン生活の喜びと訓練などが説教されます。リバイバルはいつまでも続くわけではありませんが、リバイバルの影響力は長く続くのです。」（ベイカー神学辞典）

教会はいつも、聖霊の主権的な働きによって起こってきたことを忘れてはいけません。一二〇人の弟子たちがエルサレムで待ち望んでいたとき、いったいこれから何が起こるのか誰も知りませんでした。彼らは心を一つにして共に集まり、神が何かをしてくださるのを待ち望み期待していたのです。そして聖霊は、かつてなかったことをしてくださいました。こうして、教会はリバイバルの中で生まれたのでした。

忠実な弟子たちの人生に起こった聖霊の働きに伴う最初の現象は、神がご自身の民の中で真に働いておられることを世の人々に示すためのものでした。ですから、弟子たちの上にとどまった火の舌のようなものは、ノンクリスチャンのためのしるしであったのです。ですから、リバイバルの目的は、神がクリスチャンの中に働かれることにより、世の人々が生きておられる神を知り、イエス・キリストの福音に耳を傾けるようになることです。

多くの場合には、神の命の輝きによって始まったものが、人間の役に立たない理屈で終わってしまいます。ある考えに人々が興奮することによってすべての運動が起こりますが、人間の感情的な興奮だけでは決して長続きすることがありません。一つの運動が発展するとき、そこに起こっている力強い働きを分析し、その興奮の背後にある動機を理論づけたがる人々がいます。起こってきた働きを維持することを怠ると、人々の興奮が去ったときに残るのは、その理論を学ぶことだけになります。教会の歴史も同様です。

リバイバルの原則

使徒の働きは神学書ではなく、イエス・キリストの教会の始まりを記す歴史の書です。そこには、明確なリバイバルの原則が記されています。

すべてのリバイバルは聖霊の主権的な働きです。三位一体の神の第三位格であられる方を、教会はしばしば忘れてしまいます。私たちは御子イエス・キリストの御名によって父なる神に祈りを捧げます。しかし、聖霊はどこにおられるのでしょうか。

使徒の働きの中で初めて聖霊に関する記述が出て来る箇所は、聖霊の最も重要な役割についての示唆を与えてくれます。

「お選びになった使徒たちに聖霊によって命じてから、天に上げられた日のことにまで及びました。」（使徒一・2）

聖霊は真理の御霊です。私たちの知性に働きかけて神の真理を語り、心に触れて語られた真理を理解できるようにしてくださるのは聖霊なのです。

聖霊は預言者の上に宿られましたが、イエスの時までは、誰かを完全に満たすということはありませんでした。しかしイエスは、聖霊のバプテスマという、特別な祝福を与えると約束してくださったのです。弟子たちはイエスが約束されたことの重要性を理解せず、いつイスラエルの王国が再建されるのかなどと質問しました。けれども、イエスは続いて弟子たちが聖霊のバプテスマを受けるときにどのような結果が生じるかを語られました。

つまり「あなたがたは力を受ける」というのがその結果です。この聖霊に満たされることにより、弱くて実を結ばなかった弟子たちが、力強い福音の証し人に変えられるのです。聖霊は弟子たちにノンクリスチャンの心を引き付けるための偉大な力を与えられただけではなく、初代教会の偏見ををも打ち破られました。

教会がユダヤ社会に留まっている限り、他のユダヤ人たちをキリストの元に引き寄せることはできました。けれども、教会が異邦人に門戸を開き始めると、ユダヤ人たちは自分たちの伝統から外れて異邦人と交わることを恐れたのです。ペテロは幻を与えられ、聖霊による語りかけを受けました。聖霊は、神を恐れるイタリヤ人であるコルネリオの所へ行くようにと命令されたのです。コルネリオの家でペテロが福音を語っていると、ペテロの偏見に反して聖霊は主権的に働かれました。ペテロたちがペンテコステの日に体験したのと同じように、異邦人たちも聖霊に満たされたのです。この出来事は多くの論争を引き起こし、ペテロはエルサレムでこう弁明しなければなりませんでした。

「こういうわけですから、私たちの主イエス・キリストを信じたとき、神が私たちに下さったのと同じ賜物を、彼らにもお授けになったのなら、どうして私などが神のなさることを妨げることができましょう。」（使徒十一・17）

ですから、聖霊の主権的な働きによって、使徒たちから異邦人を排斥する態度が砕かれ、ユダヤ人以外の人々に福音の門戸が開かれたのです。ペテロが御国の鍵を用いてユダヤ人に対して信仰の門戸を開いたときにも、異邦人に対して開いたときにも、聖霊が主権的に働かれました。しかし、これらの出来事に関して注目しなければならない別の面があります。エルサレムの弟子たちも、異邦人のコルネリオも、聖霊の働きが起きる前に、祈り続けていたということです。

祈りはリバイバルの鍵です。リバイバルが聖霊の主権的な働きであるとすれば、聖霊が神の民の心に働き、新しい力と大胆さを与えてくださるきっかけとなるのは何でしょうか。それは、祈りなのです。

皆さんは徹夜で神の前にひざまずいたことがいく度あるでしょうか。教会員たちに長い断食と祈りを呼びかけたことがあるでしょうか。あなたの人生と働きにリバイバルを体験していない理由はここにあるのではないでしょうか。

もしこれがあなたの問題点であるなら、どうぞ喜んでください。この箇所はあなたのために書かれているからです。新しい祈りへの飢え渇きが内側に起こることでしょう。そして、自分が願っているようなクリスチャン生活を送れない理由は、これまで充分に祈らなかったからであることを発見するでしょう。皆さんがすでに知っている聖句を引用して、祈る願いを無理に起こさせるつもりはありません。けれども、この箇所を読むうちに聖霊があなたの心に触れてくださり、祈る願いを起こさせてくださることを期待しています。

偉大な祈りの秘訣

ルカの福音書には、偉大な祈りの秘訣が書かれています。

「また、イエスはこう言われた。『あなたがたのうち、だれかに友だちがいるとして、真夜中にその人のところに行き、「君。パンを三つ貸してくれ。友人が旅の途中、私のうちへ来たのだが、出してやるものがないのだ。」と言ったとします。すると、彼は家の中からこう答えます。「めんどうをかけないでくれ。もう戸締まりもしてしまったし、子どもたちも私も寝ている。起きて、何かをやることはできない。」あなたがたに言いますが、彼は友だちだからということで起きて何かを与えることはしないにしても、あくまで頼み続けるなら、そのためには起き上がって、必要な物を与えるでしょう。』」（ルカ十一・5〜8）

主はやむことのない祈りに応えてくださり、私たちの執拗さに心を動かされるのです。この御言葉に含まれている力の秘訣について、いくつかの点を理解することは重要です。

第一に、パンをくれと頼んでいる人は、パンを持っている人の友人です。私たちは遠くにいる知らない人に近づくような態度で神に近づくべきではありません。神は天におられる父であり、私たちが必要とするすべてのものを喜んで与えてくださる方です。私たちは自分の人生の中で、また特に教会の中でリバイバルを体験する必要があります。死んだような礼拝と、命のない祈祷会には、もう飽き飽きしました。霊的な覚醒を体験しなければならないのです。しかし、神は見知らぬ存在ではなく、私たちの友であることを忘れないでください。

第二に、ただ自分だけのために、求めるのではありません。イエスがこのたとえ話で描写された人物は、夜遅く客を迎えて、何も出すものがありませんでした。東洋の一般的な慣習では、訪問客に食事も出さないのは失礼なことです。同様に、私たちの教会にも、霊的な命に飢え渇いた罪人たちがしばしば訪れて来ますが、多くの教会は彼らに提供するものがないために、罪人たちは空腹で救われないまま教会を去り、二度と戻って来ないのです。

私たちがリバイバルを神に求めることは、当然の要求です。キリストが人々のために命を捨てられたことを無駄にしてはなりません。まだ永遠の命と生きる目的を発見していない人々のために、私たちはリバイバルを求めなければならないのです。

第三に、時は夜遅くでした。もはや世の人々が行って安全と栄養を供給される場所はどこにもありません。ただ私たちだけが死にゆく世の人々の必要に応えることができるのです。私たちがしなければ、いったい誰がするのでしょうか。今それをしなければ、いったいいつするのでしょうか。これは現在世界が直面している状況を表しています。もし世界の動きに注意を払うなら、私たちはすでに時が遅いことを知ることができます。

第四に、ドアは閉まっているかもしれませんが、それを開けることは可能です。パンを三つ求めた人は、それが与えられるという希望をもっていました。あなたがどこにいるとしても、リバイバルはすべての教会に可能です。日本についてすでに述べたように、難し過ぎてリバイバルが起こらない場所などないのです。現在はドアが閉じられているように感じるかもしれません。しかし、執拗に祈り続けるなら、ドアの向こう側におられる神が必ずそれを開けてくださいます。

最後に、人が執拗に祈り続けるためには、強い願いが心に燃えていなければなりません。三つのパンを求めていた人は、自分の名誉にかけてそれを必要としていました。あの家では訪問客をもてなすこともしないという評判が立ったら、大変な恥となります。まさに面目を失うことになるのです。多くの人々には、面目を失うよりは死んだ方がましだとさえ考えるでしょう。この人は非常にせっぱ詰まった状況にあったのです。面目を失わないために、必死でした。

私たちがリバイバルを求めて祈るときにも、神の前で必死になって祈り続ける必要があります。しばしば、比較的裕福な社会では、クリスチャンたちが必死に何かを求めることがなくなってしまいます。韓国はまず日本をとおして長期間の苦難を通され、その後共産主義によって苦しみを経験させられました。飢え渇き、裸にされ、恥を受けるということがどういうことかを知っているのです。私たちは快適なリビング・ルームではなく、野外で祈ることを学びました。

同様に、中国のクリスチャンたちも、森や野原、洞穴や冷たい地下で祈ることを学びました。祈っている所を見つかったなら、殺されるかもしれません。しかし、祈りなしで生き残ることはできないことを彼らは知っているのです。

リバイバルの影響力

一九世紀に活躍した英国の有名な小説家チャールズ・ディケンズは、一九世紀初頭にフランスと英国が、革命に対する違った対応をしたことについて記しています。フランスでは革命の血が流されましたが、英国では政治的な違いではなく霊的な理由によって革命が避けられたのです。それはジョン・ウェスレーの働きをとおして聖霊のリバイバルが国中を席捲した結果でした。

ウェスレーは一八世紀の英国国教会司祭でしたが、弟のチャールズと共に個人的な覚醒を体験しました。個人的な逆境に直面しているときに、ひざまずいて祈っていると、神が特別に触れてくださったのです。彼は聖化の聖書的な真理に目が開かれました。そして、一七三九年、聖霊が示してくださった真理を人々に伝え始めました。この新しい理解は、ジョン・ウェスレーと同僚たちが国教会からの激しい迫害を受ける原因となりました。

一八世紀の半ばには、彼の教えはアメリカ合衆国と英国の全植民地にまで及んだのです。この新しいキリスト教の教えを宣べ伝えたのは、ほとんどが正式な任命を受けていない信徒伝道者でした。ウェスレー派のリバイバルによって英国社会は変えられ、暴動と流血から多くの人々を守ことができたのです。リバイバルの影響は教育の向上をもたらし、貧しい人々に対する待遇も変わりました。現在の西洋文化がメソジストによるリバイバルから受けている多大な影響を歴史家たちは認めなければなりません。

現在、世界で最も大きな教団の一つはメソジスト派です。しかし、メソジスト教会に属する多くのクリスチャンは、その運動がどのように始まったかを知りません。それは逆境の中で始まり、リバイバルによって成長したのです。今でも残存している古いメソジストの記録を読むと、しばしば彼らが徹夜祈祷会を開いて祈り続けていたことがわかります。アメリカ合衆国を旅行してメソジスト教会のない町を見つけるのが難しいのも頷けます。

その他にも、ウェールズ、インド、南米、アメリカ合衆国などで起こったリバイバルの記録から多くのことを学ぶことができますが、一つの共通した要素があることに気づきます。歴史上のリバイバルも現在のリバイバルも、人々が祈りの重要性を悟らずに起こったことは一度もないのです。それは祈りの文章を読んだり、短い形式的な祈りの時間をもつという意味ではありません。リバイバルが起こるときには、必ず長い集中的な祈りと断食が捧げられているのです。

私たちは韓国で真のリバイバルが起こっていることを証言することができます。現時点で、韓国の教会は人口増加率の四倍の速さで成長しています。このままのペースで進んだなら、そして主イエスがまだ再臨されないとすれば、二〇年後には人口の八〇パーセントがクリスチャンということになります。

韓国が元々仏教国であったことを忘れてはなりません。キリストの元へ人々を導くことは決して容易なことではありませんでした。伝統的なクリスチャン文化の中で育った人々に伝道する方がはるかに易しいはずです。西洋の国々は、長年にわたって福音に触れてきました。けれども、韓国では今、ノンクリスチャンの間にすばらしい収穫の時が訪れているのです。彼らは聖書の神に戻って来ました。これは聖霊の働きとしか言いようがありません。私たちの教会には、毎月一万人以上の新しい人々が加えられています。これを真のリバイバルと呼んでも言い過ぎではないでしょう。

この地域教会の異常な成長率を保つ秘訣は何でしょうか。その答は祈りです。毎週金曜日に、私たちは徹夜祈祷会を開いています。祈りに来る人々を収容する場所が足りないほどです。そこでは国と指導者のために祈り、世界中に福音が伝えられるために祈ります。主イエス・キリストが再臨されるために祈り、また日本とアメリカのリバイバルのために祈ります。東京とニューヨークの事務所から送られてくる非常に多くの手紙に書かれている課題のためにも祈っているのです。讃美歌を歌い、礼拝し、御言葉を聞きますが、大部分の時間は祈りに費やされます。現在起こっているリバイバルを止める最も容易な方法は、毎週の徹夜祈祷会を中止することです。しかし、決してやめるつもりはありません。私たちは祈らなければならないのです。

祈祷院の建設

何年も前に、私たちは北朝鮮の国境からわずか一〇キロメートルほどの所に六〇エーカーの土地を購入しました。最初は、教会墓地としてその土地を使う目的でした。ところが、私の義母にあたる崔牧師が断食しながら祈っていると、主が彼女にこう語られました。

「祈りのために捧げられた特別な場所を建設しなさい」

その御声を聞いた彼女は私に、「祈祷院を造らなければなりません」と言いました。私はこう答えました。

「今は一番大変なときなんですよ。何しろ教会が始まって以来、最悪の経済的危機に直面しているのですから」

しかし、崔牧師は祈祷院建設を延期する、どれほどもっともな理由も気にかけませんでした。私自身も、教会員たちが行って祈りと断食に集中できる場所が必要であることを痛切に感じるようになりました。ですから、資金のない状態で、とにかく祈祷院を建て始めることにしたのです。

最初は、人々が共に祈ることができるように、天幕を張りました。それから、丘の側面に祈りの部屋（一枚の座布団とドアを付けただけの小さな穴）をいくつも造りました。その穴の中では、一人きりになって妨げられることなく神を求めることに専心することができました。しばらくして、多くの人が断食して祈りたがるので、場所が足りないことに気づきました。そこで、今度は三〇〇〇人を収容できる会堂を建築したのです。

昨年は延べ六三万人の人々が世界中から私たちの祈祷院を訪れました。祈祷院を訪れた中で私が特に覚えているのは、一人の障害児の母親です。

「チョー先生。息子のために祈ってくれませんか」とその婦人は訴えてきました。

「息子の足は潰れたようになっていて、ますますひどい麻痺状態になっていくのです」

私は彼女に、「祈祷院に行きなさい。そうすれば息子さんは七週間でいやされるでしょう」と言いました。

その婦人は息子を連れ、忠実に六週間にわたって祈祷院に行きましたが、何も起こりません。ところが、七週間目の最後の日に、完全にいやされて健康な足に戻ったのです。

やがて、特別な奇跡を必要としている人は、神が働かれるあの祈祷院に行きなさいという言葉が国中に広まりました。決して、祈祷院に登るすべての病人がいやされているわけではありません。しかし、確かに多くの人々が祈祷院でいやされていることも事実なのです。

指導者として、私は会衆に模範を示さなければなりません。もし主任牧師である私が祈らなければ、彼らも祈らないでしょう。私は自分専用の祈りの穴を祈祷院に持っています。どうしても解決できない問題にぶつかる度に祈祷院に登り、その穴に入って戸を閉めます。心にある問題をすべて注ぎ出すのにたいてい数時間はかかります。それをするための最善の方法は、すべてのことをそのまま主に告げることです。神の前に出て正直になることを私は学びました。

神を求める場所

もし誰かに傷つけられると、そのことを神に話します。最近、ある人物が私の働きを破壊しようとたくらみました。そして、私の話す言葉を聞くためにスパイを教会に遣わしたのです。日曜日ごとに来ては、私が何か誇張したりしないかと、語るすべての言葉をチェックしていました。すべての証も検査して、間違いがないかと捜しました。

ある日、私は両親を敬うことの大切さについて話しました。この主題は、孔子の影響の深く残っている私たちの社会においては、特に重要な意味があります。孔子が教えたのは、宗教というより、倫理の仕組みについてでした。今日でも、孔子の倫理道徳に関する教えは人気があります。その重要な教えの一つは、祖先を敬うということです。

東洋の国では、まだ祖先崇拝が多く残っています。キリスト教が受け入れられにくい理由の一つは、教会が祖先に対する正しい態度について教えないからです。そこで、私は聖書が両親を敬うことについて語っていることを説教の中で語りました。これは両親を礼拝するという意味ではなく、尊敬するということです。両親を敬うことについては、彼らが生きている間だけという限定は聖書に書いていないので、彼らが召されて、栄光の御国に移された後でも、両親を敬う心をもつことは罪ではないとわかります。アブラハムは、今でも信仰の父として尊敬されています。

この説教が、機会を探っていたスパイに武器を与えることになってしまいました。彼は公に私を非難し、私が偶像崇拝を教える偽教師であると言いました。この中傷が新聞に伝わり、私はひどい論争の中に投げ込まれたのです。ある人々は、彼を裁判で訴えるべきだと私に言いましたが、私は祈祷院に行くべきであると感じました。祈祷院の穴に閉じ込もり、私はすべての経緯を主に告げました。自分がどれほど怒りを感じ、何をしたいと思ったかも告白しました。

数時間祈り続けた後、神がその男を赦すようにと言われるのを聞きました。ですから、私は彼を赦しました。彼を赦したいと私は思ったのでしょうか。そうです。神が赦す心を私の中に入れてくださったからです。これはすぐには起こりませんでした。神が私の心の傷や苦みをいやすのに何時間もかかりましたが、最後には赦しが私の心に入ってくるのを感じました。そこで、私は心から赦すことができたのです。

私の心は、祈祷院でいやされました。心の傷や苦みというものは、しばしば肉体的な病気よりも重いものです。しかし、私はその重い心の病をいやされたのです。祈祷院で神がしてくださったことを、私は会衆に告げました。それによって多くの人々が励まされ、彼らも問題が解決するために祈祷院に登ることになったのです。

なぜ一万人もの人々が祈祷院に登って断食して祈るのでしょうか。彼らは家でくつろぎながら観ることのできるテレビを持っていないからやって来るのでしょうか。ごちそうを食べることのできるレストランがないから、祈祷院に来るのでしょうか。多くの人々がそのような質問をしてきました。しかし、韓国人も他の人々と同じ人間です。レストランでおいしい料理を楽しむこともあり、実際、世界でも有数のレストランがいくつもあります。もちろんテレビもラジオもあり、ソウルは世界で最も美しい近代的な都市の一つになっています。

他にすることがないから、祈祷院に行くのではありません。多くの韓国人が祈祷院に行くのは、神がそこで働いておられ、彼らの必要を満たしてくださることを知っているからです。これは、神が他の場所では祈りに応えられないという意味ではありません。決してそのようなことはありません。神はどこにでもおられます。しかし、神を求める目的のために捧げられた場所はどこにでもあるわけではありません。何時間も一人きりになって神の前に出ることができ、しかも同じようにひたすら神を求める何千人もの人と共に集うことのできる場所は、祈祷院以外には見つけにくいでしょう。

背後の祈り

人々は動機づけを必要としています。定期的に祈ることの大切さを教えなければ、今頃祈祷院は閑古鳥が鳴いていたかもしれません。もし皆さんが国際教会成長セミナーに来て祈祷院を訪問されたなら、今は一万人収容できる祈祷院の会堂が神を熱心に求める人々で埋め尽くされていることを見ることでしょう。会堂の床は、座布団を敷いて皆で一緒に祈ることができるように、暖房が入っています。ここに来て祈りの力を体験されるなら、あなたは決して今までと同じではなくなるでしょう。そこでは、海外から送られて来る多くの祈りの課題が韓国語に訳されて祈られるのも見ることができます。

何千何万の人々が祈祷院に登るので、私は彼らに特別な祈りを要請することがあります。たとえば、レーガン大統領が銃撃されたときには、祈祷院でも多くのクリスチャンが昼夜そのために祈りました。大統領が回復したことをニューヨークの事務所から聞いたときには、熱心に祈っていたので皆が喜びました。

またレバノンで起こった戦争のためにも皆で祈りました。神が介入されることにより、不必要な血が流されることがないように守られることを私は信じています。また私たちは、その国の教会にリバイバルが始まることを祈っています。多くの苦難を通されたにもかかわらず、今はレバノンでリバイバル集会が開かれ、非常に大勢の人々が過去の傷からいやされ神の元へと立ち帰っているのです。

私たちはまた、日本のために熱心に祈るようになりました。テレビ番組をとおして、多くの日本人に福音を届けています。私たちは祈祷院で絶えず日本の教会のリバイバルのために祈り続けています。まもなく日本にすばらしい聖霊の働きが起こることを確信しています。一九四五年以前に日本人によって非常に多くの人々が虐殺されたことを知り、私は日本人を憎んでいました。けれども、私がその罪を告白したとき、神は私の心をいやしてくださいました。その後、私はしばしば日本に行き、福音を伝えるようになりました。これは始まりに過ぎません。なぜ日本についてそれほど確信を抱いているのでしょうか。それは祈祷院で、日々、日本のリバイバルのために祈っているからです。

すでに述べたように、私はアメリカ合衆国でもテレビをとおして伝道しています。すでに多くあるクリスチャン番組を見て、私は自分も番組を始めるとは思ってもいませんでした。しかし、現在続々と届けられる視聴者からの手紙を読み、今はなぜ合衆国でテレビに出る必要があったかを理解することができます。

しばしばアメリカを巡回するとき、アメリカのキリスト教の多くが神の願っている方向から外れていくのを目にしました。真に祈ることを知っているクリスチャンを見つけることのできる場所が実に少ないのです。本当の祈りのミニストリーが、ほとんどのアメリカの教会に欠けています。リバイバルについて人々が話すのを聞きますが、まだ大規模なリバイバルを見たことはありません。アメリカ合衆国ほど多く福音が語られた場所は他にないでしょう。アメリカ合衆国ほど他の国を独裁者の圧制から助けようと努力した国もないでしょう。しかし、なぜ国を覆うリバイバルが訪れないのでしょうか。その答は祈りの欠如にあります。

教会は多過ぎるのか

私たちのテレビ番組では、人々が祈るように励まします。個人の信仰生活においても、教会全体としても、祈りがいかに大切かを教えます。また、祈りの軍隊を動員し、アメリカのリバイバルのために祈り続けています。アメリカが失敗すれば、世界中で福音の働きが損失を被ることは間違いありません。ですから、アメリカ全土で大リバイバルが起きるためにも祈らなければなりません。私たちは、かつてなかったほどにアメリカの教会が成長するようにと祈っています。

ニューヨークに会員五万人の教会があっても不思議ではありません。ロサンゼルスに会員一〇万人の教会がないのはなぜでしょうか。同じ地域に多くの教会があり過ぎるからでしょうか。そうではありません。真のリバイバルが起こって教会が火に燃え、町の何千何万の人々が救われ始めたら、決して教会が多過ぎることはありませんせん。ソウルには大教会が多くありますが、それでも教会が多過ぎて困ることはありません。実際、世界最大の長老派教会はソウルにあります。私たちの国にこれほど多くの大教会が存在する理由は、聖霊による真のリバイバルを体験しているからです。韓国で天が大きく開かれている理由は、大勢のクリスチャンがリバイバルを求める決意をし、神に祈ったからです。

現在、中国でも数千万人以上のクリスチャンが家の教会に集まっています。多くのことを公開することはできませんが、彼らも先進国のリバイバルのために祈っているのです。彼らはあまり世界のニュースを受け取ることがありません。しかし、聖霊ご自身が彼らに、西洋のクリスチャンは祈ることを学ぶ必要があるということを示されるので、そのことについて重荷をもっています。ですから、西洋の国々でも大覚醒が起こることを中国のクリスチャンは祈り続けているのです。

今こそあなたの教会にもリバイバルが起こるときです。そうすれば、周りの地域の様子は一変することでしょう。人々は聖霊があなたの教会で働かれていることを目にし、すべての教会員からあふれる愛の御霊に引き寄せられて来るでしょう。皆さんがこの章を今読んでいるのは、聖霊が心に新しく祈る願いを起こしてくださっているからだと信じます。あなただけではなく、教会全体が定期的に断食して祈るビジョンも与えられるでしょう。なぜ私はそのことがわかるのでしょうか。それはこれを書きながら祈っているからです。

では、どのように祈ったらよいのでしょうか。いくつかの原則はすでに述べましたが、ここで七つの祈りの原則をお分かちしたいと思います。

一、神の前に静まる

詩篇の作者は、個人的な経験からこのように書いています。

「**静まって、私こそ神であることを知れ。**」（詩篇四六篇10節、英訳）

これは選択の余地を与えられたことではなく、神からの命令であることに注意してください。残念ながら、私たちの祈りのほとんどはただ神に話すことだけで終わります。神に話すこと自体は決して悪いことではありません。むしろ、それは神の前に静まるための一つの方法でもあります。先ほど述べたように、私は自分を悩ますすべてのことについて神に話すようにしています。そうした後に、私は安心して神の前に心を静めることができるようになるのです。

また祈りは対話であり、一方通行であってはならないことも覚えておいてください。ですから、祈るときには、一生懸命に話すばかりでなく、聞くことを期待しなければなりません。神は混乱をもたらす方ではなく、平和をもたらされる方です。ですから、私たちが平安な心で静まるときに、最も神の声を聴きやすくなります。

二、聖霊との交わりを深める

コリント人への第一の手紙二章十一節に、聖霊だけが神の思いを知っておられると書かれていることについてはすでに触れました。私たちを神との生きた交わりへと導き、神の計画を示してくださるのは聖霊です。神が願っておられる一般的な御心を教えてくださるのも聖霊であり、具体的な導きを与えてくださるのも聖霊です。

私は聖霊に直接話しかけることによって交わりを始めます。

「聖霊さま。私は救い主イエス・キリストの栄光を現すために、父なる神の願っておられることが何かを知る必要があります。愛する聖霊さま。あなたは新生をとおして私をキリストのからだの一部としてくださいました。私を満たし、世界に祝福を与えるために賜物を与えてくださいました。どうか私が知るべきことを示してください」

ある日私は、一つの問題にぶつかりました。一人の信徒が、神の住所はいったいどこなのかと聞いてきたのです。神は天国に住んでおられるのでしょうか。それなら、その天国とは、どこにあるのでしょうか。オーストラリアに住む人が天国を見上げるとすれば、アラスカに住む人は下の方に天国を探さなければならないのでしょうか。そのとき私は、適当な答を持っていないことを認めざるをえませんでした。そこで、次の日曜日に会衆の前に立ち、私はこう言いました。

「来週の日曜日には、神さまの住所を皆さんにお知らせしたいと思います」

皆はそれを聞いて喜びました。そういうわけで、私は祈祷院に登って自分の祈りの穴に入り、神の前に静まり、聖霊との交わりを始めたのです。聖霊はすべての答を知っておられるからです。祈り続けるうちに、聖霊が答を与えてくださいました。私は次の日曜日を待ちきれない思いでした。

私は日曜日の礼拝の時間に会衆の前に立って話し始めました。

「今日は約束したとおり、神さまの住所をお知らせします」

会衆は皆ノートと鉛筆を手にして私を見つめました。

「神さまの住所は、皆さんの内側にあります」

その説教を続けるうちに、会衆は私たちの内側に住んでくださる神の現実を悟り、大きな祝福を受けました。

三、夢と幻を拡大する

神からのビジョンを受け取ることの大切さについては、第一章でも述べましたが、祈りにおいて、特にこれは重要になってきます。最近、ある精神科医が人間の潜在意識は見ることによって最も影響されると言っていたのを聞きました。人はただ聞くこと以上に、見ることによって大きな影響を受けるのです。人々が祈るときに、何かを見ることがよくあるのはそのためです。

ダニエルが国の将来を憂えて祈ったとき、彼はエルサレムの方に顔を向けました。パトモスのヨハネは神が示されることを見るようにと言われました。ヨハネはパトモスの海辺に座り、エペソの岸辺の方を見ていたのではないかと思います。ローマ帝国によってパトモスに追放される前にヨハネが牧会していた諸教会の状態を指摘することから、その啓示が始まりました。ヨセフは、現実に物事が進展するはるか以前に夢を見ました。アブラハムは神が約束されているものを見るようにと言われました。自分が受け継ぐことになる土地を見渡し、その映像は心に深く刻まれたのです。その見たものが現実になるまで、彼は心のビジョンに満たされていました。

一人の婦人が私の所に来てこう言いました。

「チョー先生。クリスチャンでない私の息子のために祈ってください。息子はひどく罪深い生活をしているのです。何年も祈り続けてきましたが、何も起こりません」

「家に帰って息子さんの救いのために祈るときに、息子さんがクリスチャンになっている姿を見るようにしてください」と私は言いました。

「息子さんがクリスチャンになったらどのように振る舞い、どのように見えるかを思い浮かべ、あなたの心の目でそれを見るようにするのです」

数週間後、彼女は戻って来て、最初は私が話したように祈ることが非常に難しく感じたことを報告しました。しかし、次第に態度を変え、息子をクリスチャンとして見ることができるようになってきたのです。息子が彼女と一緒に教会に行く様子も思い浮かべることができるようになりました。息子が聖書を読み、祈っている姿も思い浮かべました。ついには、その心のビジョンに感動し、祈り続けることを忘れ、息子の救いを神に感謝するようになったのです。

彼女の祈りが感謝に変わってまもないうちに、息子が彼女と一緒に、教会へ行きたいと言い出しました。その日曜日、彼は心を主に明け渡し、それ以来今でも神に仕えています。

　また私たちの教会の一人が事業を手がけていましたが、破産しかかっていました。彼は牧師室に来ると、自分の事業のために祈りを要請しました。

「チョー先生。私は何が間違っているのかわからないのですよ」と彼は泣きながら話しました。

「毎月十分の一の献金をきちんとしていますし、貧しい人々にも分け与えるように努めています。クリスチャン生活を正しく送るようにも心がけているつもりなのです。でも、私のパン屋はうまくいかないのです。破産してしまうことは近所の人々の証にもなりませんから、何とか避けたいのですが、どうしたらよいのでしょうか。今までたくさんのお客さんに証してきましたから、私が失敗したら、私だけでなく私のイエスさまも笑われることになってしまうでしょう」

　彼はハンカチで涙を拭きながらそう話しました。

　彼のために祈った後、私は夢と幻の原則について分かち合いました。

「ホーさん。パン屋さんに戻って、その店が繁盛する様子を見始めてください。空っぽの勘定台に貯まっていくお金を数えはじめるのです。込み入った店に入るためにドアの外で人々が並んでいる様子を心の目で見てください」

　そのように話した後にもう一度彼のために祈り、家に帰らせました。牧師室を出ながら、彼は少し戸惑ったような表情をして私を見ていましたが、とにかく言われたとおりやってみることにしました。

　ちょうど二カ月後、ホーさんがにこにこしながら牧師室に戻って来ました。

「チョー先生。あれはうまくいきましたよ。私は前回ここで言われたことを、よく理解できませんでした。先生はちょっと気がおかしいのではないかと思いましたが、いや、うちの牧師は神の人に違いないと思い直し、指示に従うのが一番だと考えたのです。今日、家内と私は教会に献金するために小切手を書いて持ってきました」

驚いたことに、彼は十一献金として三五万円を持ってきたのでした。

四、悪霊に対して権威を用いる

私たちは、キリストと共に天の所に座らせられた者であるということを忘れてはいけません。パウロは、キリストの御座がすべての主権と力に優って高い位置にあることを教えています。私たちは祈りの答を受け取る権利があるのです。サタンは私たちの仕事や生活の中に入り込む権利はありません。けれども、サタンに属さないものを密かに狙って自分の領地にしてしまおうと、サタンはいつも策略を練っているのです。ですから、私たちはイエスの御名によって与えられている権威を用い、悪魔を叱りつけましょう。悪魔は逃げ去るしかないのです。

五、神の前に祈った課題を正確に記録する

祈ったときに、何のために祈ったかを書き留めましょう。そうすれば、自分の記憶に頼り続ける必要はなくなります。また、まだ応えられていない祈りについては、神の前に何度も必要が残っていることを申し上げることができるのです。このように課題を書くことにより、後で神がどれほど多くの祈りに応えてくださったかを知り、神を賛美するようになるでしょう。多くの場合、私たちは祈るのですが、何を祈ったかを忘れてしまいます。そのために、祈りが応えられたとき、神の忠実さを認めることができないのです。

六、前もって神を賛美する

神は無いものをあるもののようにお呼びになる方であることを覚えていらっしゃるでしょうか。神はあなたを見て、キリストにあって完全な者であるとみなしてくださいます。このように足りない私たちであり、失敗の多い存在であるにもかかわらず、神は私たちを見て喜び歌われるのです。

「あなたの神、主は、あなたのただ中におられる。救いの勇士だ。主は喜びをもってあなたのことを楽しみ、その愛によって安らぎを与える。主は高らかに歌ってあなたのことを喜ばれる。」（ゼパニヤ三・17）

力ある全能の神、宇宙の創り主が、あなたのことを喜んで歌ってくださる様子を想像できるでしょうか。もし神が私たちをキリストにあって完全な者とみなされるなら、私たちも神の業が完成したものとして見ることができるのではないでしょうか。ですから、神の明確な応答が来る前から、私たちは前もって喜ぶことができるのです。

七、絶えず祈る

このように大きな教会の牧師を務めながら、世界中を巡回し、著作をしたため、複数のテレビ番組を収録して、しかも絶えず祈ることがどうすれば可能になるのでしょうか。実は、ここでいう祈りとは、交わりのことを指しているのです。

私は長年の経験から、常に自分の霊と心を正しい方向に向けて、落ち着かせることの大切さを学んでいます。夕食の席に着き、多くの人々に取り囲まれていても、内なる人は天に向け続けることができます。私はいつも、主に向かってこのように話しかけます。

「主よ。今日は妻と一緒に夕食の席に招かれています。あなたの民と共に、交わりをしなければなりません。でも、どのようなときにも、私はあなたの側にいる準備ができています。私が忙しいからといって、あなたの側に引き寄せるのをためらわないでください。主よ。私は忙しいときにも、祈りの態度を失いません」

このような心の態度を、神は喜んでくださると思います。主イエスご自身も地上におられるとき、絶えず父なる神との交わりを保っておられました。天の父が行われることを見ないでは、何も行なわれなかったのです。ですから、絶えず天の父に心を開き続けることは可能です。

以上、私自身が用いている祈りの七つの原則について分かち合いました。皆さんの中でも祈りの生活が建て上げられていくことを願います。すでに充実した祈りの生活を続けてきた方々は、今あげた原則を気にする必要はないことを知っています。しかし、今まで充分な祈りの生活をしてこなかった方々は今こそ始めるときです。

祈らないならば、あなたの人生と働きにリバイバルを体験することはないでしょう。また牧師や指導者が祈らないなら、会衆も祈るようにはなりません。

「聖霊なる神よ。リバイバルは、あなたから始まります。リバイバルを送ってください。あなたの働きを私の内側から始めてください。御言葉は、あなたが私たちの必要を満たしてくださると約束しています。主よ、伏してお願いいたします。どうか、祝福の雨を降らせてください」

私たちはこのような態度で、リバイバルを求めて祈らなければなりません。神ご自身が、そのことを願っておられるのです。

リバイバルにおける計画

このリバイバルと教会成長に関する重要な章の中で、私はリバイバルを理解し、祈り求め、保つためにはどうしたらよいかということを述べてきました。ここでは、リバイバルの中で私たちがどのように計画を立てていくべきかという、もう一つの重要な主題について話したいと思います。

なぜ私たちは、計画を立てなければならないのでしょうか。答は単純です。神が何かをなさるときには、いつも明確な計画を持っておられるからです。神がモーセに幕屋を造るようにと指示されたとき、具体的な計画を与えられました。モーセの幕屋は、神が与えられた計画のとおりに正確に造られたのです。初代教会は神の計画のとおりに成長していきました。そうです。実に、創造の初めから救いの完成に至るまで、神は明確な計画を持って進んで来られたのです。ですから、私たちが地域教会を建てるときにも、具体的な計画が必要です。

リバイバルのために、私たちはどのような計画を立てることができるでしょうか。リバイバルが聖霊の主権的な働きであることについては、すでに記しました。ですから、リバイバルを起こすために計画を立てることはできません。しかし、リバイバルの中で計画を立てることはできます。

あなたはすでに、自分の人生と教会の中に、新しい聖霊の働きが起こることを信じておられると思います。神が応えてくださると信じないで、どうして祈ることができましょうか。しかし、もし本当に神が祈りに応えてあなたの教会にリバイバルを起こされることを信じるのであれば、数千数万の魂が会衆に加えられることを期待するはずです。ここで、当然一つの質問が生まれてきます。数千数万の新しい人々が教会に加わるときに、いったいどうすればよいのでしょうか。

どのようにして彼らを牧会するのでしょうか。礼拝に来て、彼らはどこに席を見つけることができるでしょうか。これらの新しい会衆が訓練され、さらに新しい人々を獲得するために動機づけられるためのプログラムをどのように組めばよいのでしょうか。このように、明らかな問題が次々に生じます。多くの人々はリバイバルのために祈っていますが、リバイバルが実際に来たときにその準備ができていないのです。

神が主権的に何かを始められるからといって、私たちの協力なしで神がそれを維持されるというわけではありません。私たちは、自分のおかれている地域における神の道具であることを忘れないでください。真剣にリバイバルを祈り求めるなら、あなたはそれが来たときのために備えをしていなければならないのです。

なぜ今までは計画を立てなかったのか

福音派の説教者たちは、今まで伝統的に教会成長の計画を立てたことがあまりありませんでした。もし政府が、何の計画もなく予算もなく動いていたら、いったいどうなるでしょうか。実際、多くの教会は、成長しないことが当然のような運営をされてきたのです。

私は主イエス・キリストが再臨されることを待ち望んでいます。キリストはまもなく帰って来られると信じています。キリストが来られるとき、私は自分がキリストの農園で忠実に働いているところを見ていただきたいと願いながら、日夜主の働きに励んでいます。しかし、忠実なクリスチャンたちは、約二〇〇〇年間にわたって主イエスの来られるのを待ち続けてきたことも知っています。今に至るまで、主は来られませんでした。

イエス・キリストは、この世においてある条件が満たされない限り、戻って来られないのです。イエスはマタイの福音書の中で、この世の終わりが来る前に、御国の福音が全世界に宣べ伝えられなければならないと語られました。これはつまり、世界中のすべての人が、イエス・キリストが主であると受け入れるか拒むかという選択をする機会を与えられない限り、主は戻って来られないということです。福音をまだ一度も聞いたことのない人々の八〇パーセント以上がこのアジア大陸に住んでいるので、私は特にイエスがマタイの福音書二四章で語られた言葉をチャレンジとして受け止めています。

主イエスがすぐに戻って来られるので、何も計画する必要はないと考えている牧師たちは、主の命令に対して不従順であると私は考えます。ルカは、弟子たちに対する主イエスの命令についてこのように記しています。

「彼は自分の十人のしもべを呼んで、十ミナを与え、彼らに言った。『私が帰るまで、これで商売しなさい。』」

この「商売しなさい」と訳されている言葉は、ギリシャ語の「プラグマテオマイ」であり、新約聖書神学辞典によると、この単語は新約聖書中、この箇所以外には一度も使われていません。文字通りの意味は、「ビジネスをして利益を得なさい」という意味になります。これは消極的な言葉ではなく、積極的な言葉です。一般的には、金貸しに使われた言葉でした。この命令は、主イエスが戻って来られるまで、私たちが地上でどのように過ごすことを願っておられるかについて、示唆を与えてくれます。「実践的な、活動的な」という意味の英語「プラグマティック」の語源を調べると、このギリシャ語に行き着くことは興味深いことです。

ですから、主の命令によると、私たちの地上における態度は古代の金貸しと同様でなければなりません。主イエスが再臨されるまで、私たちは神の国のためにできるだけ利益を上げるように努めなければならないのです。神の国の福音という資本はすでに与えられています。市場は罪人の心であることを私たちは知っています。イエス・キリストの教会という確かな銀行もあります。後は利益を上げていくだけです。しかし、増加を確実にし、元金が絶えず利益と共に戻って来るようにするためには、注意深く計画しなければなりません。

現実的な目標設定

計画がないもう一つの理由は、多くの牧師たちが現実的な信仰を持っていないからです。ある人々にとって、信仰とは超現実主義的なものであり、非現実的な性質のもののようです。

私自身は、信仰とは先験的な性質なものであると捉えています。カントが知識に関してそのような理解の仕方をしたのと同様に、信仰とは私の経験を超えたものであると思うからです。しかし、同時に私は非常に実際的な人間です。神が私を召してくださった目的を最大限に成し遂げるためには、実際的な信仰を働かせなければなりません。

ヘブル人への手紙によると、信仰とは実体を伴うものです。またイエスは、信仰は個人的なものであることを示されました。

「**そこで、イエスは彼らの目にさわって、『あなたがたの信仰のとおりになれ。』と言われた。**」（マタ

イ九・29）

パウロによると、私たちは各自ある分量の信仰を量って与えられています（ローマ十二・3参照）。ですから、私たちが祈るときは、自分に与えられた信仰の量りに従って祈らなければなりません。

たとえば、あなたの教会に現在三〇〇人の信徒がいるなら、いきなり一万人になることを祈り始めてはいけません。そのように大きな責任を取り扱うことのできる経験もなければ、聖霊の内なる取り扱いもまだ受けていないからです。これは、数年後にあなたが一万人を求める信仰が与えられないという意味ではありません。しかし、現時点では、実際的に実現可能な範囲から計画を進めていく必要があります。たとえば、教会員が一〇〇〇人になることを目標にするのです。私は神を制限するように勧めているのでしょうか。決してそうではありません。神は制限されることのない方です。しかし、神はあなたをとおして働かれるので、あなたは現在の信仰の量りがどの程度かを認識する必要があるのです。

現在会員数三〇〇人の教会として、一〇〇〇人の教会になるというはっきりとした目標を定めます。その目標をもって父なる神の前に祈りを捧げ、絶えずその目標を認識しながら行動します。会員が一〇〇〇人になるという考えに自分が捕われるまでになってください。日曜日に説教するときには、心の目で一〇〇〇人の会衆を見ながら説教するのです。そのようにするとき、あなたは計画を立て始める準備ができたといえます。

リーダーの訓練

皆さんの教会を担う将来のリーダーたちは、目の前にいることをご存じでしょうか。問題は、彼らの存在にまだ気づいていないことだけです。毎週の礼拝に出席している忠実な兄弟姉妹をよく見てください。彼らはすでに、未来のリーダーとしての重要な資質を備えているのです。その資質とは、「忠実さ」です。

多くの教会では、少数の人たちが大部分の働きを担っています。これらの人々はすでに充分忙しいのですが、何かを頼むと、いつでも喜んで余分な仕事を引き受けてくれます。彼らはリーダーになる準備段階の人々であるといえます。

よく牧師が犯す失敗の一つは、教会員の中から世の中で成功しているビジネスマンたちを呼び集め、彼らを信徒リーダーとして立てようとすることです。しばしば、成功しているビジネスマンは、教会の働きに時間を捧げようとはしません。もちろん、世の中で成功している人々を教会で用いることはできない、と言うつもりはありません。しかし、先に述べた「忠実さ」という資質を備えているかどうかによって、リーダーは選ばれる必要があるのです。

将来リーダーとなる可能性のある人々に、あなたのビジョンと目標を分かち合ってください。彼らもあなたと共に、リバイバルを求めて祈る器に育てるのです。彼ら一人ひとりに、未来の教会成長のために重要となる特別な責任を、各分野で任せるようにしましょう。教会のある一つの分野に関して一人のリーダーに責任を任せ、その分野の成長のために祈らせるのです。たとえば、より大きな会堂や教会施設が必要かもしれません。またより大きな予算を立てていく必要があるでしょう。

また区域礼拝を成功させることの重要性を彼らに教えてください。そして、最も重要なことは、彼らが魂の救いに対する熱い情熱を持つようになることです。教会成長を進めていく上で起こってくる一般的な問題は、魂を勝ち取ることに対してクリスチャンの関心が薄いということです。私たちは、伝道というと、大通りに出て行って通り行くすべての人々にトラクトを渡すことだという昔からのイメージを作り上げてしまいました。神が路傍でトラクト配布や伝道をするように導かれるなら、これは決して悪いことではありません。けれども、新興宗教やカルトが盛んになってきた今日では、通りで渡される宗教的冊子などに対して疑いの念を抱く人々が増えており、教会のリーダーたちもそのような伝道方法に対して気が進まないかもしれません。

もう一つの起こってくる問題は、教会の活発な信徒である多くの人々が、より霊的になる目的で交わりを求めようとすることです。その結果、彼らは伝道することが主にあって成長することの妨げになるのではないかと考え、ノンクリスチャンに伝道することに対して積極的な重荷を持とうとしなくなるのです。

未来のリーダーたちに教えなければならない一つの重要な真理は、霊的に成長する秘訣は、聖書を読み、他のクリスチャンと交わることだけではないということです。むしろ、最も効果的な方法は、主にあって霊的な意味での親となることです。もし皆さんが子供を育てた経験があるなら、おわかりだと思います。初めて子供を持ったときのことを思い出してみてください。あなたはそのとき、自分以外の人格に対して責任を担うようになったのです。ほとんど一晩のうちに、自分が成長したことに気づいたでしょうか。もはや、自分のことばかり考えているわけにはいきません。今まで経験したことがないほどに、与えることを学ぶ必要があります。

霊的な親になることにも、同様の意味があります。親になった途端に、熱心に聖書を学ぶ必要性に迫られることになります。それは新しく生まれた誰かがあなたの教えに頼っているからです。その霊的な子供があらゆる質問をしてくるので、一生懸命祈らないわけにはいきません。新生に関する多様な理解が加えられるので、あなたの霊的な経験にも新鮮な喜びが与えられます。

教会の人々が、ノンクリスチャンをキリストに導くことによって彼ら自身も最大の益を受けることを確信するとき、魂を勝ち取る真の勇士たちが多く起こされてきます。私は人生の単純な原則を悟りました。人々が長い期間にわたって何かを続けるためには、それが彼らにとって最大の益となることを確信するように動機づけなければならないということです。すべての人の中にあるこのような傾向に対して戦うよりは、それを利用して神の栄光のために用いていく方が賢いのではないかと私は思います。

長期の計画を示す

忠実なリーダーたちと共に祈りつつ熟考した後に、会衆の前に長期の計画を示します。これを誰かが青天の霹靂と感じるようではいけません。すでに会衆の中に、その計画に沿った願いが起こされている状態を準備しておくのです。明確な目標の元に説教を語るように心がけてください。会衆が教会の将来について興奮し、希望を持つような状態にまで引き上げておくのです。そのようにして、時が熟したときに、計画を示します。

その計画の期間はどのくらいが適当でしょうか。私はたいてい五年間の計画を人々に伝えるようにしています。

一九九七年に、私は一九八四年までに五〇万人の教会員になるという具体的な目標を設定しました。これが神の御心であったことを確信しています。長期間にわたって、その計画について祈り、考えてきたのです。その時点で、私たちの教会はまだ十二万五千人の会員しかいませんでした。その計画はいくつかの段階に分かれていました。一九八〇年までに一五万人の会員になり、一九八二年までに二〇万人になり、一九八三年までに三〇万人になるという計画です。その年までに、新しい会堂の建設を終え、大会堂には三万人、そして他の礼拝堂をビデオによってつなげてさらに三万人が礼拝できるようにします。その結果、合計六万人が一回の礼拝に出席できるようになります。毎日曜日に七回の礼拝をするので、一九八三年の終わりには合計四二万人の人々が礼拝に出席できるようになります。

一九八四年には他の付属施設を建設し、合計五〇万人が礼拝できるようになります。私たちの建設プログラムは計画どおり順調に進んでいます。

教会のすべての会員が、私たちがどこに向かって進んでいるのかを知っています。私たちは共に、会員五〇万人の教会を建て上げているのです。そこまで達成したところで、私はやめるつもりなのでしょうか。もちろん、そのつもりはありません。しかし、今は主が私の前に置かれた目標のことだけを考えています。さらに大きな計画があるなら、神は後ほどそのことも示してくださるでしょう。しかし、私たちは今自分のいる場所から始めなければなりません。古いことわざにあるとおり、千里の道も一歩から始まるのです。

予算

多くの教会には予算があります。それによって、どのくらいの支出が予測され、その経費を賄うために各教会員がどれほど負担しなければならないかを算出します。そして、お金は様々な献金の機会に集められます。

私は信仰によって予算を立てることの必要性を信じています。もし、神が皆さんの教会に聖霊を注いでリバイバルを起こされたとすれば、新しい魂が加えられることを期待するのは当然のことです。教会員が増加するということは、より大きな施設とスタッフが必要になってくることを意味しています。ですから、もし神が教会員の数に関して明確な目標を与えられたとすれば、その成長していく教会の必要を満たすための予算を組まなければなりません。たとえば、日曜学校のための部屋を増やさなければならないでしょう。スタッフの事務所も拡張する必要が出てきます。

　ここで、信仰による予算を組むことが必要になるのです。拡大する働きの必要を満たすためにどれほどの金額が必要かを、神に示していただきましょう。神の計画を果たすために必要なすべてのものを神が与えてくださることを私は信じます。教会の人々が、献金を捧げることを霊的な税金と捉えるのを止めるとき、人々は信仰によって献金を捧げるようになります。

　会衆が指導者のビジョンを受け取ることができたのならば、そのビジョン達成のために役割の一端を担いたいと願うようになるのは当然のことです。そのうちに、増加する予算についてより多くの会衆が協力して重荷を負うようになります。しかし、成長していく教会として、現実的な予算を組む必要があります。

　私たちの教会には、教会の様々な状況を数値によって示すためのグラフを掲げている事務室があります。教会員の増加を示すグラフと共に、経済的な増加を示すグラフがあります。一目で、私たちが目標を達成しているのか、少し遅れているのかを見分けることができるのです。少し以前には、目標よりやや遅れていましたが、その結果私たちはより熱心に祈ったので、今は目標に追いついています。

　神の国は決して世の国に劣るものではありません。イエスはこう言われました。

　「この世の子らは、自分たちの世のことについては、光の子らよりも抜け目がないものなので、主人は、不正な管理人がこうも抜けめなくやったのをほめた。」（ルカ一六・8）

　すべての政府や会社が長期計画と予算を組んでいるとすれば、光の子らがそれ以下のレベルで満足してよいはずはありません。この世のすべてのものに優って重要な責任を私たちは託されたのです。イエス・キリストの教会は、この世を救うために存在する第二級の組織ではありません。教会は、神が備えられた主要な道具なのです。

神は他のプランを持っておられません。神は唯一のプランとして、イエス・キリストの教会を建てるように計画されたのです。ですから、まもなく訪れようとしている大リバイバルに向けて、私たちは注意深く効果的に計画を立てていかなければなりません。

リバイバルから来るプレッシャー

最後に、リバイバルに関して最も重要なことの一つをお分かちしたいと思います。それは、いかにリバイバルから来るプレッシャーに対応するかということです。もし皆さんが、リバイバルをとおして、どのようなプレッシャーがやって来るかということを真に理解されたなら、リバイバルを求めて祈ることをやめたいと思われるかもしれません。けれども、聖霊はあなたの内側に、教会と地域において神が力強く働かれることを求める願いをすでに起こされました。ですから、祈りをやめることはできないでしょう。

私は牧師として二五年以上にわたってリバイバルを経験しているので、自分の過ちを皆さんが繰り返すことがないように助言することができると思います。失敗することと、その失敗から学ぶということは別のことです。私は非常に困難な出来事をとおして多くのことを学ばされました。

この主題に関してたくさんのことを分かち合うことができますが、ここでは簡単に五つのことだけを記すことにします。

一、家族の関係を保つ

あなたの人生や働きにおいて、最も大切なものは家族です。私が成功するか失敗するかは、妻が鍵を握っていることを私は発見しました。妻が私に従って来ることができれば、私は成功します。もし彼女が興味を失って協力しなければ、私は失敗してしまいます。女性は男性とは違う方法によって動機づけられます。一般的に、男性は自分の働きによって動機づけられますが、女性はむしろ人間関係によって動機づけられるのです。

婦人たちにとって最も大切な関係は、夫との関係です。現代社会においては、結婚後も多くの女性が仕事を続けて経済的な必要を満たさなければなりませんが、それでも仕事以上に人間関係によって動機づけられることには変わりません。最近の世論調査によっても証明されていますが、それは真理であると思います。

リバイバルが教会に訪れると、多くの魂が教会に加えられます。教会員は急速に増加していきます。すでに与えられている責任より大きな責任があなたの肩にかかってくるのです。

使徒の働きには、大リバイバルの始まりが記録されています。ペテロは三〇〇〇人が彼の説教に応答するのを見ることができました。しばらく後には、さらに五〇〇〇人が教会に加えられました。人々は興奮し、喜んで財産を売り、教会という新しい家族のメンバーと持ち物を共有するほどでした。けれども、時が経って、ギリシャ人の女性たちとユダヤ人の女性たちの間に争いが起こるようになりました。リバイバルが起こるときには、力や感情が高まり人々の心は燃えているわけですが、目前の問題や差別を無視しやすい傾向があるのです。しかし、いったん熱心さが過ぎ去っていくと、これらの問題が表面に出てきて大きな混乱を起こすことになります。

牧師の責任が重くなると同時に、より多くの時間が要求されるようになりますが、そのことによって妻と親しく過ごす時間を取られてはならないことを私は学びました。妻の方を優先しなければならないのです。これを実行するための一つの方法は、妻と一緒に働きをすることです。私の妻は、教会の音楽プログラムを担当しています。彼女は音楽の分野で二つの学位を受けており、音楽を指導する資格が充分にあります。

また彼女は教会付属の出版社の責任者でもあります。私たちが著し、出版するすべての本の責任は彼女にあります。また大きなクルセードや大会で私が奉仕するときには、彼女も一緒に旅行します。私の働きの重要な一部分を担っているのです。

エバはアダムのためにふさわしい助け手として創られました。ですから、妻が夫の働きの一部を担っていることを認識することができれば、彼女はリバイバルから来る様々なプレッシャーを不平なく受け入れるようになるでしょう。また子供たちが、父親を自分たちから奪い取った働きを憎むようなことがあってはなりません。ときに、このような態度が子供たちの中に潜在し、ずっと後になって教会の働きに参加することを避けるようになることもあります。

それでは、解決はどこにあるのでしょうか。それは、単に時間を効果的に振り分けることによって解決できます。限られた時間をいかに使うか、優先順位を定めるのです。神との関係の次に大切なのは、家族です。教会の責任はその次です。

二、適切な訓練と態度

失敗に対応することが容易でないのと同様、成功に際してどのように振る舞うかということも容易ではありません。そして、人格的な面においては、失敗以上に成功によって大きく試されることがあります。私たちは失敗すると、なぜ失敗したのかを考え、同じ失敗を繰り返さないようにと気を付けます。けれども、成功したときには、積極的な面だけに関心が集中しやすいのです。

成功しているときには、他人から多くの称賛を受けます。そのようなときには、自分が何か特別な存在であり、他の人々とは違うすばらしい面が自分にあるかのように感じるかもしれません。これは私たちの人格的な面に大きなプレッシャーを与え、誠実さを試されることになります。ですから、第一章の中で指導者の個人的な資質の大切さについて記したのです。

リバイバルにおいて、自分の道徳的な生活を守ることは非常に重要です。道徳的に少しでも反れるような傾向がないか、注意深く自分を見張らなければなりません。昔からの友人たちが自分の間違いを指摘するとき、その友人を遠ざけないようにしましょう。いつも自分と同意する人々だけを周りに置くことは大きな過ちです。これはサウル王が犯した失敗でもあります。サウルが自分を低く見なしていたときには、神が彼を引き上げて王にされましたが、彼が高ぶったときに王国は彼の手から離れ、他の人物に与えられたのです。

三、赦すこと

教会員が増えるにつれて、教会の問題も増えることを覚悟してください。教会における問題は人々によって起こされるからです。教会が大きいほど、より多くの問題を扱う必要性が出てきます。いつもすべての人々を喜ばせることはできません。しかし、時間をとって常に主を喜ばせるように心がけ、聖霊の平安の内に歩むなら、教会の中で聖霊と共に歩んでいる人々を喜ばせることになります。あなたが多くの人々に尊敬されるようになればなるほど、他の多くの人々から批判を受ける対象ともなります。ですから、あなたは自分の心に苦みや怒りが根付き始めることに気付くかもしれません。サタンがあなたを破壊するために侵入し始める場所は、あなたの心であることを忘れないでください。もし心の態度が苦々しいものになれば、健康と体力も低下していきます。

この問題に打ち勝つ最善の方法は、赦しを実践することです。あなたを傷つけるすべての人々を赦すようにしてください。彼らが赦しを求めて来ても来なくてもです。イエス・キリストが十字架上で人類を赦されたことを思い出してください。誰もイエスに赦しを求めたわけではないのに、イエスは一方的に赦しを宣言されたのです。

私は韓国の歴史の中で、非常に困難な時期に生まれました。私たちは独立国ではありませんでした。韓国は日本の圧制の下に置かれ、意志に反して何百万もの韓国人が労働者として日本に連れて行かれました。韓国語を話すことさえ許されなかったのです。ですから、子供の頃から私は日本を憎みながら育ちました。

数年前から、聖霊が日本に関して私の心を取り扱い始められました。私は主にこう話しました。

「愛する主よ。私は自分の日本人に対する心が正しくないことを知っています。でもこの感情はどうすることもできないのです」

しかし、主は私の心をいやすために特別な方法を用意されていました。私は日本人の牧師グループに奉仕するように招かれたのです。

日本に到着して、非常に不安な気持ちになりました。これが私たちの名前と国語を奪い、愛国者たちを罰し、教会を焼き払い、キリスト教と国に対して忠実であろうとした、多くのクリスチャンを虐殺した国でした。講壇に立ったとき、日本について何か良いことを語ろうと思いましたが、できませんでした。私はただ泣き始めました。深い沈黙が聴衆の牧師たちを覆いました。それから私は顔を上げ、自分がどのように感じたかを告白しました。

「私は皆さんを憎んでいることを告白しなければなりません。個人的な憎しみはありませんが、皆さんが日本人であるということのゆえに憎しみを感じるのです。これは間違っているということを私は知っていますが、正直な感情です。私を赦してくださいますか。私は罪を悔い改め、皆さんに祈っていただきたいと思います」

　そのように話した後、私は頭を垂れて大声を上げて泣き出しました。顔を上げたときには、日本人の牧師たち全員も涙を流していました。数分後に、一人の牧師が立ち上がり、こう言いました。

「チョー先生。日本人として、私たちも国の罪を悔い改めます。私たちを赦してください」

　私は講壇から降り、その牧師を抱いて「ええ。皆さんを赦します。そして、これから日本のために祈ることに身を捧げることを約束します」と言いました。

　私は子供時代からの苦みが瞬間的にいやされるのを感じました。私は自由になったのです。

　神は私に、一千万人の日本人が救われるという約束を与えてくださいました。日本のテレビ番組で福音を伝えると同時に、しばしば日本を訪ねて福音を伝えています。日本中にすばらしいリバイバルが起こることを堅く信じています。これらのことはすべて、私の心の苦みをいやしてくださるように神に求めた後に起こったのです。

四、節制

　教会が成長するとき、自分を成功した事業家のように考える大きな誘惑が襲ってきます。そして、世の中で成功している人たちと同じような生活を始めてしまう危険性があるのです。リバイバルが起こった教会の成長を保つ妨げとなる一つの要因は、お金の問題です。どんな些細な悪でも避けることは、非常に大切な原則です。

私はしばしばお金の詰まった封筒を献金として手渡されますが、決してそれを開封することはしません。すぐにそのまま教会の会計係に手渡します。どのような働きのために捧げられたお金であっても、私は個人的に受け取ることはしません。すべて教会に渡すのです。このようにし続けることにより、私はお金をもらって人々のために祈っているという中傷から自分を守ることになります。

また私たちは適度に快適な生活を送っています。必要はすべて満たされていますが、働きの効果を妨げるような贅沢な生活はしません。神が繁栄を与えてくださる方であることは信じていますが、私たちは教会と国と世界に対する働きが効果的であり続けることを優先しているのです。

五、セクト化する傾向を避ける

私たちは教会の指導者として、他の教会の指導者たちと競争しているわけではないことをいつも覚えておかなければなりません。私たちは失われた魂を奪い返すために、サタンに対して生死をかけた戦いを戦っているのです。ですから、自分の地域における他の教会と協力し、愛し合う態度を保つ必要があります。

たとえば、私たちの教会は一九八二年から八三年にかけて、教会員が二〇万人から三〇万人へと成長しました。けれども、その間に約一万五千人の回心者を他の教会に与え、またソウル市内に二つの新しい教会を始めてそれぞれ約五千人の回心者を与えました。私たちの教会は同じ地域の長老派、メソジスト、その他の教会と良い関係を保っています。私たちの教会は一番大きな教会ではありますが、決して唯一の教会ではありません。そして、もちろん私は唯一の牧師ではありません。このように他教会と協力することにより、共にソウル市の福音化のために働くことができるのです。

私たちが互いに愛し合うことを世の人々が見る必要があります。キリストの体は一つだけであり、分けることのできないものであることを世に知らせなければなりません。私たちの間に愛があることを見なければ、いくら口で話しても彼らは信じないでしょう。

キリストが再臨される前の最後の聖霊の働きが、現在起こっていることを私は信じています。そして地域教会が、その鍵であると確信しています。牧師と信徒たちが共に世界宣教のために働くとき、世界の必要は満たされるのです。キリストが教会に託された偉大な使命を全うするために、地域教会にリバイバルが訪れなければなりません。皆さんはリバイバルをとおしてやって来るプレッシャーを受ける準備ができたでしょうか。

準備ができたと言われるなら、次のステップへと導いてくださる神の恵みに信頼して前進することができるのです。

第七章　国際教会成長

新たなチャレンジ

神が与えてくださった新しいビジョンは、私にとって非常に明確であり疑う余地のないものでした。国際教会成長（CGI）は教団や特定の教会に限られた働きではなく、世界中のすべての教会の必要のために仕える組織です。

数年前、ヨーロッパにおける奉仕を終えて帰る途中、聖霊が心にこう語られました。

「家に帰ってから、世界の教会成長のために捧げられた新しい組織を始めなさい」

私は主が語られた言葉に驚き、「主よ。どうしてそのようなことができますか。私は韓国人です。いったい誰が私の話に耳を傾けてくれるでしょうか」と言いました。

「天のお父さま。あらゆる大きな教会組織はアメリカ合衆国から始まっています。そこには能力のある指導者が多くいるのです。私は第三世界の後進国の人間です」

　私はこの新たなチャレンジに恐れをなし、そう祈ったのでした。飛行機の窓から外を見渡しながら、牧師としての忙しいスケジュールの中から、果たして別の組織を新たに始めることが可能だろうかと考えました。その頃は五万人の教会員がいたのです。しかし、主が語られた言葉は私の心の中に繰り返し鳴り響いていました。

「教会に訓練のためのセンターを造りなさい。人々は教会成長の秘訣を学ぶために世界中からやって来るでしょう」

　私はこの問題に決着を付けるためにこう言いました。

「天のお父さま。あなたが言われたことを実行するためには、ヨイドに新しい施設を建てる必要があります。そして、そのためには非常に多くの資金が要ります。今度の日曜日にこのビジョンを会衆に分ち合いますから、そこでもし約束献金を含む三億円の献金が集まったなら、韓国で教会成長のためのセンターを造ることがあなたから来たビジョンであることを確信することができます」

　まず教会のリーダーたちにこの考えを伝えると、彼らは同意してくれました。日曜日に、私たちは世界宣教センターの建築のために献金を募りました。その日の最後の礼拝が終わった後、教会の会計係が微笑みながら事務所に入って来ました。

「チョー先生。通常の献金と約束献金を合わせると、ちょうど三億円になりました」

　神は語ってくださり、新しい施設の建設に必要な資金を備え、語られたことを確認してくださったのです。

また主は、国際教会成長の働きを助けるために、以前一緒に働いていた宣教師を送り返してくださいました。さらに彼の働きを受け継いでチャ博士が国際教会成長の調整役になりました。このように昔からの親友と長老が進んで責任を負ってくれたので、非常に大きな助けになりました。チャ博士は長年のビジネスの経験と世界宣教に対する情熱を持って、国際教会成長の働きを効果的なものにしてくれています。

国際教会成長の進展

国際教会成長では、韓国における訓練セミナーを発展させるだけでなく、世界の国々で国際教会成長セミナーや大会を開いています。

二年前の十二月には、メキシコ市に招かれました。宣教師であり、メキシコの三つの大教会を牧会しているダニエル・オスト師が招待してくれたのです。大会の委員長は長老派の牧師で、メキシコの福音派の教会の大部分が協力していました。メキシコ市に到着したとき、私は自分の故郷に来たような感じがしました。世界で最も大きな都市の一つであるメキシコ市に、聖霊がリバイバルをもって訪れられる気配を感じました。現在、メキシコ市は人口千七百万人以上の大都市に発展しています。

講壇に立ったとき、長旅で疲れていたので、私は通訳者のオスト師に向かってこう言いました。

「今はあまりに疲れきっているので、今日は三〇分以上は話せないと思います」けれども、メキシコのホテルの会場には一万人以上の教会指導者が期待して集まっていました。彼らの熱心さと、イエス・キリストに対する愛、そしてラテン的なもてなしのお陰で、私は新しい力を得て二時間も話し続けてしまったのです。

ラテンアメリカを中心に十二カ国から牧師たちが集まっていました。それまで世界の様々な国々で集会を開いてきましたが、見たことのないほどの期待感と熱心さがメキシコにはありました。メキシコ人は本当に暖かい人々であり、東洋人である私を心から愛してくれました。しかし、何よりも重要なことは、彼らが期待と信仰を持って集まっていたことです。その後、私たちはメキシコにおける国際教会成長の大会をとおして多くの教会が成長した報告を受け取り続けています。神が国際教会成長をとおしてラテンアメリカの教会に深い継続的な影響を与えてくださったことを私は確信しています。

経済的な問題が国を襲っているときでもあり、メキシコは聖霊が働かれる時が満ちていたのだと思います。牧師たちは今、区域礼拝を実践して教会を建て始めています。教会は、祈りとリバイバルへのビジョンを受け取り、人々の必要に応えて働いているのです。メキシコにとっては、まさに聖霊の訪れのときです。ですから、私たちはこの重要な国のためにも祈り続けています。

国際教会成長は、世界的に成功している牧師たちからなる諮問委員会によって導かれています。これらの牧師たちは実を結ぶ働きを続けてきた人々であり、教会成長の原則を世界中で教えることに関心を持ち、時間と精力をそのために捧げています。また国々で国際教会成長の大会を開くために必要な資金集めも彼らが手伝ってくれています。国によっては、自分たちの経済力では国際教会成長の大会を開くことができない所もあります。そのような国々の教会を助けるために、牧師と信徒による国際教会成長の会員制が発展しています。

毎年開かれる総会が昨年はオーストラリアで開かれましたが、そこで私たちは最も必要の大きい国に焦点を当てて教えていくことを決定しました。ほとんどの国々で、非常に積極的な応答があります。しかし、資金不足のために、多くの国々で大会を開くことが妨げられています。

よく「これらの必要のために、韓国で献金を募らないのはなぜですか?」と聞かれますが、国の厳しい経済的規制のために、韓国からお金を海外に持ち出すことができないのです。ですから、私たちは開催国と、発展途上国の教会成長に対するビジョンを受け止めている方々とに頼っているのです。

私の願いは、私たちに助けを求めて懇願している国々に行って奉仕することです。インドでも国際教会成長の大会を開くことが求められています。十万人程度の牧師たちが集まることは難しくありませんが、今は資金が足りません。しかし、インドやカレブ諸島、アフリカの国々などで奉仕するために必要な資金を神が備えてくださることを、私は期待し、信じています。

今後の行方

地上における神の国の現れに関して、聖霊は今後どのような方向に進んでいくかということを私に示してくださっています。主の再臨の前に、教会にリバイバルが起こらなければなりません。一方では崩れ去っていくものもありますが、これは神が木に刈り込みをされているのであって、生きている枝が切り落とされているのではありません。刈り込みがなされる目的は、新しい命をもたらすことです。多くの教会に人々がいなくなり、奉仕に対する無関心のために説教者がいない状態が続きますが、同時に多くの教会の中で新たな命が芽生えているのです。主イエス・キリストの福音を聖霊の力によって語る教会には、リバイバルが起こってきます。

教会が与えられている使命を果たすためには、社会のあらゆる階層に福音を伝えていかなければなりません。政治の指導者たちに福音を語り、また貧しい人たちに福音を語るのです。教会は正義と憐れみの模範を世に示さなければなりません。魂を救いに導くためには、人々の実際的、肉体的な必要をも満たしていく必要があります。

教会がこの大きな目標を達成するためには、明確な方向性をもって進んで行くべきです。教会はどこに向かって進んでおり、そこに行く着くためにどのような方法を取っていけばよいのかを知っていなくてはならないのです。私たち教会は悪がはびこるこの世をあきらめて見捨ててしまったわけではありません。この世の君は働いていますが、私たちはより徹底的な方法で地域社会の必要に応えるために、新たな決意をもって自分たちを捧げていくのです。

国々に奉仕するための計画

国際教会成長の働きは、世界中の福音的な教会指導者たちと協力しながら進められています。私たちの計画は非常に単純明快なものです。

一、受け入れ側の委員会組織を検討する

一つの国で委員会を形成する際に、キリスト教界の幅広い教団教派から委員が集まっているかどうかを検討します。国際教会成長の働きは、一部の教会に対するものではなく、キリストのからだ全体を対象にしたものです。ですから、伝道と教会成長に対して真に関心を抱いているすべての人々と協力して進めていくことを願っています。

私たちは、委員会がその国の福音的な教会を代表する指導者たちによってバランスよく形成されているかを見るようにしています。本書で分かち合っている原則は、イエス・キリストを信じるすべての教会にあてはまることを堅く信じています。ですから、教会成長の大会を開くときに、一つの教団に限らないことを願っているのです。

二、地方委員たちと共に信仰によって準備する

次に私たちは、教会指導者の地方委員たちと綿密な連絡を取りながら、信仰によって準備を進めてい

きます。

一九八二年二月、私たちはフィリピンに行きました。この大会は国際教会成長始まって以来最悪の大会になるだろうと人々が語っているのを聞いていました。資金は充分にありませんでした。注意深く計画を練る時間も充分にはありませんでした。しかし、私たちはメソジスト教会のカストロ師が率いる委員会と共に信仰によって計画し、準備を進めていきました。彼らは三万人を収容できる最大の会場を予約したのです。

普段私が最も頼りにしているアドバイザーたちは、フィリピンの大会をキャンセルするようにと忠告してきましたが、私はこれについては神から聞いたことを確信していたので、やめるつもりはありませんでした。ですから、マニラの大会のすばらしい結果に驚きはしませんでした。

私たちの一行は、飛行機が滑走路からそれて一時停止したときに、政府の役人たちを含む公の代表団によって迎えられました。政府によって用意された乗り物にすばやく護送され、ホテルへと向かいました。実際、私たちがどこかに出かける度に、警官がオートバイで護衛してくれたのです。五〇〇〇人の牧師たちと教会指導者たちが全セミナーに参加する申し込みをしていました。

夜の集会では、会場いっぱいに人々が詰め掛けて来ました。毎晩、福音を語り、キリストを受け入れる人々を講壇の前に招きました。このクルセードと大会の間に、合計八千人の人々がイエス・キリストを受け入れる決心をしたのです。

政府は教会成長を強調することに対して、非常に好意的でした。公式の午餐会に招かれ、大統領からフィリピンを訪れたことに関して感謝の言葉を受け取りました。大統領は、キリスト教会が地域社会に刷新をもたらす最も有効な組織であることを認めていると言いました。

マニラに滞在した一週間に、私たちはフィリピンの国中の教会指導者たちが神の力に触れられるのを見ました。彼らは教会成長への新たな確信と希望を抱いてセミナーから帰って行ったのです。

三、講師の選択

大会やセミナーの講師は、神学的にだけではなく、実際的な経験に基づいて教会成長について語ることのできる人たちを選びます。私たちの大会に遠方から自費で訪れ、教会成長の原則を教えてくださる牧師たちには本当に感謝しています。ニューヨーク州バッファローのトーマス・レイド牧師はその一人であり、多くの大会で私と共に教えをしてきました。

レイド牧師は、私が本書で分かち合った原則を、オーチャード・パークの教会に適用し、その経験を講壇から語っています。レイド牧師の成功の鍵は、やはり区域礼拝でした。一つの区域グループは、レイド牧師が訓練したユダヤ人の回心者によって導かれていました。彼らはバッファローのユダヤ人たちに対する働きを始め、まもなく自分たちで新しい施設を購入する必要が生じ、ユダヤの葬儀屋であった建物を買い取りました。今では、毎週金曜日の晩にイエスをメシヤとして受け入れたユダヤ人たちが集い、信仰を分かち合っています。そこで、他のユダヤ人たちに伝道するためにも彼らは訓練されているのです。区域礼拝は母教会にとって今でも中心的な活動ですが、同質の人々が共に集まるという原則を実行をして非常に祝福されているのです。

別の区域グループは、バッファローの中心街に住む必要のある人々に奉仕することを目的としています。他の教会があまり注意を払わなかった地区の人々に、意義深い奉仕をしています。それまで非常に貧しかった人々は、彼らの働きをとおして新しい希望を見出しています。経済的な状況が劇的に変わったというわけではありませんが、本当の貧困というのは心の状態のことであって、銀行にどれだけお金があるかという問題ではないということを彼らは悟ったのです。

クリスチャンとして、私たちは貧しくあり続けることはできません。私たちは王の子供なのです。この世のあらゆる物を持っているわけではありませんが、私たちは父なる神が所有されている豊かさの相続人なのです。クリスチャンたちが心の態度とセルフイメージを変えるとき、経済的な状態も次第に向上していきます。

四、実際的な主題を選ぶ

世界中どこにいても、クリスチャンの指導者たちは、実際的な問題に対する解答を求めていると私は信じています。彼らは教理に関心があるのではなく、実際に有効な答を必要としているのです。ですから、実際の経験をとおしてその解決を示すことのできる経験豊かな講師の教えを聞きたがっています。

私たちが常に実際的な主題を選んで教えるようにしているのはそのためです。

アメリカ合衆国におけるある教会成長セミナーの中で、私は会衆にこう質問することによって講義を始めました。

「あなたの教会の会衆に、彼らが現在の考え方を変えて新しい方向に向かっていく必要があることを確信させるにはどうしたらよいと思いますか」

すぐに、セミナーに集まってきた牧師たちが深い関心を示す表情になりました。教会成長の大会に集まって来る牧師たちは、自分たちの働きの方向性を変えることを期待して遠方から訪ねて来るのです。その質疑応答のセッションをとおして、彼らは自分の教会の成長に関して新たな期待感を抱き始めました。その夜、多くの牧師たちは、この新しい方向性をどのように教会の役員会に持ち出すかということについて心配していたに違いありません。私の質問は、彼らの関心を引き付けたのです。

それから私は、会衆に動機を与えるためにはどうすればよいかについて、二時間にわたって話しました。私は自分自身の教会における経験と共に、世界で成功している他の牧師たちの経験を紹介しながら話しました。私たちはセミナーの内容が常に牧師たちの実際的な必要に応えるものとなるように努めているのです。

五、地域教会を通じて働く

私たちはいつでも地域教会を通じて働くようにしています。あらかじめ自分たちが訓練したチームを連れて行って集会を開き、地域教会の協力を願う方が容易であると思いますが、地域教会主体ですべてを行なっていくのです。自分の伝道団体を通じて働きをする偉大な伝道者たちを批判するためにこれを書いているのではありません。世界宣教のために、伝道者と牧師たちが一致して協力するべきであると私は信じています。ある地域では、伝道者が牧師の協力を待っていると、いつまで経っても伝道を始めることができません。残念ながら、多くの教会は今でも競争意識を持っていて、教会成長のビジョンを捉えることができないのです。

けれども、キリストの体を建て上げる働きに召されている一牧師として、私は地域教会をとおして働く必要があります。これによって、私の誠実さを地域教会が認めてくださり、国際教会成長の働きがより効果的になるのです。

六、資金

国際教会成長の経済的必要は、どのように賄われているのでしょうか。今日では、あらゆる宗教組織が、資金集めのプログラムを持っているようです。最近の景気後退は、宗教界にも痛い影響を及ぼしています。

私たちは主を信じる人々ではなく、人々を支配しておられる主に確信を置いています。しかし、国際教会成長を韓国以外の国々で続けるためには、莫大な資金が必要なのは事実です。経済的な先進国で大会を開くときには、後進国における教会成長の働きを助けるための献金を募ることがあります。後進国の教会には非常に大きな必要があります。

アメリカ合衆国のテレビ番組をとおして与えられた献金は、テレビ伝道の予算を満たした後に、その余剰金が世界の教会成長の働きのために使われるようになっています。世界の希望は教会のリバイバルにかかっているのです。地域教会が活性化され、その働きにリバイバルが起こることにより、世の人々を効果的にイエス・キリストの元へ勝ち取っていかなければなりません。私はあらゆる資源をこの目的に捧げていく決心をしており、神は多くの教会やビジネスマンたちの心を同じ目的のために動かしてくださっています。

現在はシンガポール、ヨーロッパ、北米などに、国際教会成長の会員たちが与えられ、新しいビジョンを受け取っています。会員は各国で増え続け、世界宣教の目標に向かって、今日も自分たちを捧げているのです。

七、出版の働き

国際教会成長を資金的に助けているもう一つの働きは出版です。最初は『信仰界』というタイトルで機関誌が始められましたが、今は『教会成長』というタイトルで年四回発行されています。その雑誌の中でも効果的な教会成長の原則を記し、成功している牧師たちによる執筆がなされています。今は英語で出版されていますが、やがては他の言語でも出版することを願っています。

この出版は、韓国で献身的なスタッフたちの手によって進められています。最も人気のある記事の一つは、ヨイド純福音教会の教会成長に関する最新のレポートです。

八、国際教会成長の実

この国際教会成長の働きをとおして、非常に多くの教会が、より効果的に地域社会に対して働きをするようになっています。ダラス北部のロバート・ティルトン牧師は、最近彼の証を分かち合ってくれました。ティルトン牧師は、アメリカ合衆国の他の成功している牧師たちと共に、国際教会成長の委員になっています。彼は国際教会成長の働きを積極的に支えています。

数年前、ティルトン牧師夫妻は、大都市の必要に応えるために、ダラスの郊外に移って教会を建て始めました。私がティルトン師と会ったときには、彼がすばらしいビジョンの人であることを発見しました。わずか数年のうちに、彼の教会は七〇〇〇人の教会に成長しました。彼はテレビ伝道をも手がけ、今はアメリカ合衆国の七つの都市で放送されています。ティルトン師は教会成長のビジョンを受け取るやいなや、そのビジョンに向かって走り始めたのです。

「私の目標は会員一〇万人の教会にまで成長することです」と彼は大胆に宣言しています。牧師たちが教会成長のビジョンを真に受け止めるなら、世界の多くの大都市にそれくらいの規模の教会が建てられるようになることを私は心から信じています。

ジョージア州アトランタの第一バプテスト教会の主任牧師であるスタンリー博士は、二年前に協力牧師たちと共に韓国を訪れました。そのとき私は、スタンリー博士が南部バプテスト教団を代表する有名な指導者であるとは知りませんでした。博士は韓国に来たとき、控え目な自己紹介をして、「私たちは祈り、学ぶためにやって来ました」とだけ言いました。

私はスタンリー博士の謙遜さと人柄に強い印象を受けました。彼はアトランタに戻ってソウルで学んだ教会成長の原則を実行し始め、すばらしい結果を見ています。

またカリフォルニア州ヴァンナイズは、アメリカの中でも非常に美しい町の一つです。その町の第一バプテスト教会の牧師はジェス・ムーディー博士です。ムーディー師はフロリダ州パームビーチで成功している牧師でしたが、主はカリフォルニア州に移って新しい教会を牧会するように導かれました。その教会は様々な問題に直面しており、礼拝出席者は減少していました。ムーディー師はそのために多くの祈りを捧げた後に、聖霊が私たちの働きに関わるように語られるのを感じました。それ以来、私たちは親友となり、ムーディー師は国際教会成長の諮問委員の一人となりました。

区域組織をとおして、ムーディー師の牧会する教会はカリフォルニア州で最も大きな教会の一つに成長しました。しかし、その教会のビジョンはそこでとどまってはいません。ムーディー師は、教会が大きいだけでなく、その一人ひとりの人生が触れられることの大切さを知っているので、区域組織を導入したのです。現在、区域グループのリーダーたちをとおして、ヴァンナイズに住む映画スターからあらゆる労働者にいたるまでが、個人的に伝道されているのです。

シンガポールの大会

私たちが心から願っていることは、地域社会を福音化することを真に目指しているすべての教団教派の教会が触れられ、劇的に成長していくことです。

北米でもラテンアメリカでも、あるいはヨーロッパでも、同様なことが言えます。国際教会成長の働きは、私が考えた以上に神が用いてくださっています。当初、私のビジョンは小さすぎたかもしれませんが、今は大きなビジョンを抱いています。特に昨年のシンガポールにおける大会をとおして、私のビジョンは大きく影響を受けました。

シンガポールは世界でも最も美しい場所の一つです。過去数年間のうちに、この小さな島に繁栄が訪れています。本来は中国系の国ですが、インド人やヨーロッパ系の人々も多く住んでいます。

昨年、シンガポールの事業家たちが、聖霊によってビジョンを与えられました。彼らはシンガポールの国中の人々に伝道するためのクルセードのスポンサーになるように示されたのです。彼らは七万人収容のサッカー競技場を借りました。国のすべての新聞に広告を出すために、一人の事業家がすべての費用を提供しました。クルセードの委員会は、牧師や事業家たち、様々な分野の専門家たちによって形成されていました。彼らは共通する一つのことをもっていました。それは、クリスチャンの少ないシンガポールにリバイバルが起こることを願う燃える心でした。

毎晩、五日間続けて、雨が激しく降っていました。しかし、午後六時には、必ず雨が止んだのです。雲は消え去り、たくさんの人々が福音を聞くために集まってきました。

イエス・キリストを初めて受け入れる決心をした人々の数に私は驚かされました。私は毎晩、このように繰り返していました。

「皆さん。どうか人生の中で今日初めてイエス・キリストを受け入れるという方だけ前に出て来てください」

けれども、五万人以上の人々が招きに応じてイエス・キリストを受け入れる決心を表したのです。

地域教会の牧師たちとの集会も非常にすばらしいものでした。将来シンガポールはキリスト教の基地となることを信じます。シンガポールには教会成長のビジョンを真摯に受け止める献身的な人々が数多くいます。私の願いは、彼らが享受し始めている繁栄を、より効果的なアジア宣教のために用いてくれることです。

フランスでは大会に一万の人々が集まりました。その他、デンマーク、フィンランド、ドイツ、日本などで国際教会成長の大会が開かれ、それぞれに祝福されています。新しい希望とビジョンを教会指導者とメンバーたちに与えるために、国際教会成長の働きは神の手によって用いられているのです。

牧師と教会指導者のために

今年の初め、フロリダ州ウィンター・ヘイブンの大会で奉仕をしました。クウィンテン・エドワーズ牧師が、四〇〇〇人以上収容できる彼の教会の新会堂でこの大会を主催したのです。エドワード牧師も国際教会成長の委員の一人です。このセミナーの中で、聖霊が私にこう語られました。

「息子よ。あなたはこの国のすべての牧師と教会指導者たちに影響を与えるようになります。すべてのクリスチャンに向かって語ることも許しますが、あなたの主な務めは、わたしがあなたに教えたことを牧師と教会指導者たちに分かち合うことです」

そこで、金曜日の夜、私は土曜日の朝に牧師と指導者だけを対象に語りたいと告げました。翌朝九時に、キプロス・カシードラルの会堂に二〇〇人ほどの牧師たちが、御言葉を聞くために集まってきました。その集会で二時間ほど語りましたが、御言葉を語るうちに、ほとんどすべての人が涙を流して聞いていることに気づきました。集会の後に、何人かの人々から、聖霊の油注ぎがあまりに強く、涙を抑えることができなかったと聞きました。

このときの出来事は、私の戦略を変えました。私はアメリカ合衆国では、どこに行っても教会指導者のための特別な集会を開きます。そして、神が彼らの心に聖霊による教会成長へのビジョンが与えられるように祈るのです。

国際教会成長の働きは、まだ始まったばかりであると思います。イエス・キリストの福音をもって、やがてあらゆる国々での奉仕が開かれてくることを確信しています。世界中の牧師たちが、聖霊によって新しいビジョンを受け取り、彼らの地域教会でリバイバルが起こり始めるのを、私は見ることができます。

このビジョンは、大き過ぎるでしょうか。いいえ、そうではありません。この使命を全うするためには、すべての地域社会において教会が成長していかなければならないのです。神が私をとおして世界最大の教会を建てることを許してくださったので、私は経験からも語ることができます。

不治の肺結核で死ぬ寸前の青年に憐れみをかけていやしてくださった神は、その青年を仏教から救ってくださった神であり、その同じ神が彼をとおして世界最大の教会を第三世界の国に建ててくださったのです。その同じ神は、この働きを助けてくださり、他の働きと協力して、世界宣教の業を成し遂げさしてくださると信じます。

私たちは、主の主、王の王であられる方をお迎えするために、共に協力して働かなければならないのです。

第八章　教会成長の将来

変化の時代

数カ月前、ある国で奉仕をして帰国する途中に、飛行機の通路の反対側に座っていた一人の紳士に気がつきました。彼は長時間自分の腕時計で遊んでいるように見えたので、立ち上がって彼の横を通り過ぎたときに見ると、彼は腕時計の電子ゲームで遊んでいたのです。私は席に戻りながら、深く考えさせられました。

私たちは、歴史上最も大きな変化が起こる時代に生きているといえます。科学技術の進歩は著しく、一〇年後の生活がどのようになっているかを予測することさえ困難です。技術的な革命はほとんど全世界の生活に影響を及ぼしています。韓国でも、地球の反対側で起こっている出来事をそのまま見ることができます。

社会学的にも、世界は考えられなかったほどに変化してきています。先進国だけでなく、世界のあらゆる国々で、多くの人々は単に数として見られる傾向が進んでいます。これによって社会的な非人格化の問題が深刻になってきました。人々が手先を使って行なっていた多くの仕事をコンピュータが奪っています。バイト、チップス、ソフトウェアといった言葉は、欠かせない言語の一部として定着してきています。

その結果として、現代社会は非人格化が進み、教会が対応しなければならない多くの問題が生じてきています。隔離、孤独、憂うつなどは、現代のライフスタイルにおいては一般的な症状となっているのです。教会が健全に成長していくためには、現代人たちの問題を把握し、彼らに解答を与えていかなければなりません。

恐れというのは、昔から人間に付きまとってきた問題ですが、今日ほど深刻なことはありませんでした。ボタン一つでこの地球を破滅に追いやることができるほどの科学進歩は、人々を恐れの虜にしてしまっています。歴史的に、悲劇というのはいつでもありました。けれども、現代の通信システムの進歩により、私たちはかつてなかったほどに、災害、戦争、地震、暴動といったニュースを頻繁に知るようになりました。

もう一つの教会に対するチャレンジは、世界の人口が爆発的に増加していることです。西暦二〇〇〇年までには、歴史上に生きて死んだ人々の総計を超えるほどの人々が、地上に生きていることになります。しかし、世界人口のうち、ほんの一握りの人々が、世界の資源の大部分を所有している状態です。

不平等はいたるところにはびこっています。不正、抑圧、残虐行為は増え続けています。

このように重要な問題の中で、神の大使たちはいったいどこに立っているのでしょうか。教会は現代の社会に関わり、助けることができるのでしょうか。これらの質問は自由主義神学の教会だけでなく、福音派の教会においても多くの繊細な人々にとって重要な問い掛けとなっています。

現代の問題に応える

アメリカの有名な著作家であるアルビン・トフラーは、社会学的な変化についての著書を著し、私たちに興味深い視点を提供しようと試みています。その『第三の波』という書物の中で、彼は歴史的な人間の経験を波にたとえて表現しています。彼が波という表現を使ったのは、波が互いに交じり合い共存しながら、しかも独立した別のものを形成しているという特質を備えているからです。

最初の波は、農耕文化でした。この波は数千年間にわたって続きました。第二の波は、一九世紀に始まった産業革命の波です。第三の波は、現在私たちが経験している社会の波であり、未来に続くものです。けれども、この波について、トフラーは明確な定義をしていません。その著書は非常に興味深いと思いましたが、著者は過去の波について明確に把握しているほどには、未来について記すことができていないことに気づきました。預言者であることは、いつでも歴史家であること以上に難しいのです。

私が心配している一つのことは、多くの牧師たちが、未来に対して悪く考え、悲観的であるということです。世界の未来を支配しておられるのは神であって、悪魔ではないということを彼らは忘れているようです。現在、私たちの目前に展開している様々な問題は、必ずしも障害ではなく、チャンスとして捉えるべきです。イエス・キリストの教会は、変化の犠牲者となることはできません。変化の中にあって、教会は道を照らす灯火とならなくてはならないのです。

歴史上最も読まれている本は、この二〇世紀終わりの時代が抱えている問題に対しても答となる原則を記していることは疑いようがありません。しかし、この神の真理である聖書は、正しく解釈されて、世の人々が理解することのできるメッセージとして伝えられなければならないのです。イエスは世の人々に向けて、ただ聖書を引用するといったことはされませんでした。イエスは神の言葉を取り、聞く人々の必要に応える形で例話を用いて語られたのです。

教会が成長するためには、世の人々の必要に応えていかなければなりません。問題に対する解決を示し、人々を苦しめる霊的、感情的な疫病に対していやしを提供しなければなりません。これからの教会は、現代社会の直面している問題に対応し、福音を効果的に伝え、その福音の中で実際に生きていく教会となるでしょう。これを成し遂げるために、私たちは現在の基本的な問題点を正しく捉える必要があります。

またこういった人類の基本的な問題点に関して、世は解決を与えることができないという事実を忘れてはいけません。世の人々は、質問することができるだけです。私たちの責任は、彼らの質問を注意深く聞き分け、祈りの中でそれらを分析し、へりくだって答を提供していくことです。

社会の必要に対して、科学でさえも解決を見出すことはできません。けれども、科学は私たちに必要な情報とデータを与えてくれる助けとなることはできます。科学者たちが預言者的な役割を果たそうと試みるとき、彼らはしばしば、クリスチャン以上に信仰の飛躍をするのです。ロバート・オッペンハイマーは理論的な科学者であり、原爆の発明に携わった一人ですが、一九六〇年代に、預言者の役割を果たそうと試みました。彼は、科学の発展のゆえに、未来は明るいものになると宣言しました。未来に、科学者たちは人類の問題を解決できるようになるだろうと語ったのです。けれども、二〇年以上が過ぎた今、オッペンハイマー博士が予測できなかったほどに社会的な問題が増えているのです。

実際、彼のように考える科学者たちは、間違った仮定の上に立って人類の病を解決しようと試みているといえます。聖霊との交わりをする私たちだけが、世の問題に対して真に効果的な解決を提供することができるのです。私たち教会はそれを実行していくことにより、人類の必要を満たすと同時に、地域社会の人々の関心を引き寄せることができるようになります。

実際的なメッセージ

私たちの語るメッセージは、明確かつ具体的でなければなりません。地域社会の人々がよく考える問題についても、語っていく必要があります。人々が普段から疑問に思っている点について述べ、それに対する解答を、正直に、また実際的に提示するのです。私たちのように、永遠の真理が記された書物を持っている人々は他にいません。

　私たちは、創造主の手による生活の手引きの管理人なのです。より良い人生を生きるために必要な原則を、創造主なる神は聖書をとおして啓示してくださいました。けれども、神が与えてくださった人生の手引きの明確な内容を世の人々は知りません。

　かつて「何を試みてもうまくいかないときは、手引きを読みなさい」という言葉を聞いたことがありますが、これは真実です。社会はうまくいっていません。しかし、手引きはどこにあるのでしょうか。それは聖書の中に示されているのです。聖霊は私たちがご自身と交わるのを待っておられ、永遠の真理を知らせて、私たちがそれを現実的な問題に適用していくことを願っておられるのです。

　ビジネスの世界で使われる一つの基本的な信条があります。それは「欠けを見つけてそれを満たせ」というものです。この原則は、教会成長において成功するためにもあてはまります。何が欠けているかを探すのです。すべての人が、必要を持っています。すべての町に、人々が心配する問題があります。不況、失業、資源不足、犯罪、政治的な問題など、何であれ、必要を見つけてそれを満たしていくのです。そのような問題に対していかに解答を提示していけばよいのかについて、聖霊と交わる中で聞いてください。聖霊は、あなたを正しい聖書の箇所へと導いてくださるでしょう。

　答を持っていても、人々が質問しないのなら何の役に立つでしょうか。私たちは、よく受ける質問を説教の中に持ち出す必要があります。イエスはローマ帝国から課せられる税金に関して、どのような態度を取ればよいのか、貧しい人々や抑圧されている人々に対してどのように対応すればよいのかといった問題についても語られました。父なる神から答を聞き、聖書の言葉による裏打ちと共に説明されたのです。

初代教会の働きを見ると、彼らは知識人の集まりではありませんでした。経済的な資金があるわけでもありませんでした。けれども、歴史を変えるほどの働きを成し遂げたのです。この世の終わりの時代にあって、教会は人類の必要に応えるものでなければなりません。今ほど必要の大きい時はかつてありませんでした。教会が今必要としているのは、回復の過程を完成させることです。つまり、本来教会が所有していたバランス、働き、真理、一致、力といった特質を取り戻すことです。

回復の過程

終末論に関していえば、世界が大患難に入る時代が到来することを私は信じています。反キリストが現れ、人々は自分の行いに応じて裁かれるようになります。しかし、同時に、世の終わりの前に教会が強くなり、すべての国民に福音を伝えるというキリストの命令を達成するようになることも信じています。ですから、私は教会の将来については明るい希望を抱いているのです。

今私たちに与えられている資源を用いて、歴史上に集まった最も大きな聴衆に向けて効果的に神の言葉を語ることができるでしょうか。聖霊の力をもって真理を語ることにより、地獄よりも天国の人口が多くなるまで人々をキリストに導くことが可能でしょうか。これらは、すべて可能なことであると私は信じます。

これらの偉大な目標が成就されるためには、回復の過程が完成するのを見なければなりません。回復の過程とはどういう意味でしょうか。

教会が受け入れられ、権力を与えられた後に、教会は堕落していきました。ヨーロッパの歴史によると、続く世代はいわゆる暗黒時代と呼ばれる時期を通過することになります。マルティン・ルターが現れたときに、ようやく教会は信仰義認の教理を取り戻しました。またジョン・ウェスレーは聖霊によって用いられ、別の面での真理の回復のために働きました。それは聖め、あるいは聖化を強調するものでした。今世紀の初め、聖霊とその賜物に関する真理が新しい方法で教会に回復されました。現在は、その回復の過程として、地域教会の回復と成長が始まっているのです。

牧師たちは、自分の務めが信徒を奉仕のために整えることにあるという真理を発見し始めています。宮における働きだけでなく、家々における奉仕についても学び始めています。聖霊による活性化を信じて、彼らは歴史上最大のリバイバルに備えて準備を始めているのです。

理性と霊性のバランス

一般に、人は二つの分野における理解力を備えています。それは神秘的な面と理性的な面です。ある神経外科医は私に、脳の感情をコントロール部分と理性をコントロールする部分の働きは全く別ものでああると言いました。ですから、私たちはキリスト教の神秘的な面にも惹かれる傾向があります。霊的な面と、理性的な面の両方があるのです。このように二つに分ける考え方は、アリストテレスやプラトンの時からありました。

しかし、新約聖書の教会においては、パウロが信仰に関する基本的な教理について説明しているのに対し、おもにヨハネがキリストとの体験的な関係について述べています。聖書には、神学と経験のバランスがあるのです。

この二つの違った分野において、カトリック教会はアウグスチヌスとトマス・アキナスの影響を受けています。アウグスティヌスは五世紀に活躍した司祭であり、キリスト教に基づいてプラントン学的な哲学を発展させました。聖書に忠実に、彼は三位一体、教会、神の国といった主題に関して書いていきます。彼は特に、人を動機づける力は理性よりも、啓発された魂であるということを強調しました。

他方、違った時代に生きたトマス・アキナス（一二二三～一二七四）は、アリストテレスの認識論を復活させました。彼は、神との個人的な出会いによって人が神との親しい関係に入ることをあまり重視せず、神の存在を証明するために理論を用いました。理論によって神の存在を証明できるという彼の考え方は当時の教会に影響を与え、一三世紀から一四世紀にかけて学問重視の時代が生まれました。

宗教改革運動は、カルヴィンとルターの教えによって大きな影響を受けています。カルヴィンは恵みの概念に関してアウグスティヌスの影響を受けていましたが、理論に頼って自分の神学を築き上げました。けれども、彼の理論は聖書の範囲内で使われました。カルヴィンは神の言葉を継続的に教えることにより、社会に大きな影響を及ぼし、やがては社会を変えることさえできたのです。しかし、キリスト教の経験的な側面についてはほとんど強調されませんでした。

マルティン・ルターも正統的な教えを語っていましたが、彼はしばしば自分の霊的な体験について言及しました。

現在の福音的クリスチャンたちも、自分の信仰に関して同様の選択を迫られています。けれども、クリスチャン社会に訪れようとしているのは、理論と経験のバランスです。私たちヨイド純福音教会も、経験と神学における適切な統合性に達することを目指して努力しています。過去の牧会経験の中で、私は両面の大切さを認識してきました。ペンテコステ派の背景を持つ者として、私はキリスト教の経験的な側面に大きく影響されてきました。これは神の臨在が、知性だけではなく、心に現実のものとなることを意味しています。

経験と教え

けれども、同時に私は、経験に頼りすぎるクリスチャンたちがしばしば不安定な歩みをしていることに気づきました。経験というものは、継続に一定したものではないからです。それは人の感情に頼っており、感情は道徳的な見地からすれば中性のものです。つまり、感情はそれ自体良いものでも悪いものでもないのです。それは人生における現象であり、そのもたらす刺激の違いにより、あるいは痛み、あるいは喜びをもたらします。

教会は本来、神学的な講義の結果として起こったものではありません。教会は、神が自ら介入され、その結果人々の感情が高まることによって生まれてきました。けれども、教会が成長し続けたのは、使徒たちが継続的に教え、その教えを新しい回心者たちが実際的に日々の交わりや祈りに適用することによるのです。

私たちの教会では、経験の大切さについても強調します。特に、最も重要な経験である新生に関してはそうです。しかし、同時に私たちは人々に生き方を教え、証の仕方を教えます。集会は、初めて教会に来た方々も安心できる雰囲気で行われます。堅実な教えと経験のバランスを維持するように気をつけているのです。

多くの教会では、経験を軽視し、教えだけを強調した結果、教会員たちが乾いて命を失っているのを見てきました。リバイバルのために欠かせない鍵である祈りについては、聖書に記されているような熱心さと共に強調されることがありません。自分たちの知らない事柄に対する恐れから解放され、聖霊が混乱ではなく平和をもたらす神であられることを私たちは信頼しなければならないのです。

最近、私はカリフォルニア州ヴァンナイズの第一バプテスト教会を訪ねる特権に恵まれました。そこで数週間にわたって、ジェス・ムーディー牧師は賛美と礼拝について教えておられました。彼らはカリスマの流れにある教会ではないのですが、その礼拝に出たなら、ペンテコステ教会の礼拝かと思うほどの熱心さで人々が賛美礼拝を捧げているのです。ムーディー師は南部バプテスト教団の中で高く評価されている忠実な学者ですが、賛美と礼拝に関する教えが聖書から取り除かれてはならないと信じているのです。

福音派の教会は聖書を信じているので、ペンテコステ派の教会にも劣らない熱心さを備えていても不思議ではないのです。ムーディー師の教会が成長しているのは、区域組織の導入に成功したことだけではなく、その生き生きとした力ある礼拝にも原因があるようです。

聖書の言葉から離れて霊的になることは、狂信を生み出します。聖霊の力に欠けて聖書を学ぼうとすることは、停滞を生み出します。この二つの面のバランスを保つことにより、力強い教会成長が生まれてくるのです。

務めの回復

教会内における現代の問題の一つは、一般の人々が教会の指導的立場にある人々に対する信用をなくしていることです。新聞やメディアは、牧師たちの道徳と信頼性を盛んに攻撃しています。最近、多くの有名な教会指導者たちが、道徳と金銭問題などに関して異常なほどの攻撃にさらされました。残念ながら、このことは私たち務めをしているすべての働き人に影響を及ぼしています。

神の人たちに対するこれらの攻撃の大部分は、事実とかけ離れた根拠のない攻撃ですが、サタンは教会全体に対する人々の信用を失わせるためにこのことを用いているのです。世の人々が教会を冷笑する態度は今に始まったことではありません。中世紀には、ヨーロッパ社会の人々が司祭たちに対して同様の態度を取りました。これは、宗教改革を生み出す動機づけを促進するものとなったのです。

現在の教会が必要としているのは、新しい宗教改革であり、それは教会の指導者から始まります。預言者エゼキエルは、この問題に関してエゼキエル書三四章の中で取り扱っています。エレミヤ書二三章も同様です。神はイスラエルの牧者たちを厳しく叱責されたのです。この裁きの言葉は、四つの中心的な部分から成っています。

- 羊の安全を守る責任が指導者に要求される。
- 羊を適切に世話することにより、羊がさまようことから守られる。
- 適切な栄養を与えて養うことにより、安全が確保される。
- 問題の根は、牧者たちが民の必要よりも自分自身の必要を心配している点にある。

この問題に対する神の答は非常に明確です。神はダビデの若枝から一人の羊飼いを起こされ、神ご自身が羊たちの世話をすると約束されたのです。そのことによって、人々は養われ、祝福されるようになります。

この二〇世紀の終わりに必要とされているのは、務めの回復です。御言葉の務めをする人たちは、支配者ではなく、仕える者たちです。私たちの権威は、裁判官としての権威ではなく、人々が自由意志によって従うことができるための権威なのです。教会員たちが私の指導に従うのは、強制されるからではなく、彼らが心から従いたいと願うからです。

人々に仕える

三〇万人以上の教会員たちが私の指導に従いたいと願うのはなぜでしょうか。それは、私が彼らに仕える牧師であることを、彼らが知っているからです。どのようにして、それほど多くの人々に仕えることが可能になるのでしょうか。それは、ダビデの若枝であられるイエス・キリストが私をとおして働いてくださるからです。ですから、私は成功の原因を自分に帰することはできません。イエス・キリストこそが、成功の原因であり、すべての栄誉を受けるにふさわしい方です。イエス・キリストは真の羊飼いです。私は大牧者なるキリストのしもべとして仕える者であり、キリストの指導に従う者です。

私たちが人々に仕えるしもべであるということは、単に言葉でいえば済むことではなく、真実な行動を伴うものでなければなりません。次のような項目をチェックしてみてください。

- 高慢な態度を取らない。常に自分を低くし、へりくだる。
- 動機が疑われるような生活を送らない。
- 自分を個人的に売り出すことを目的とした務めをしてはならない。

●与えられている資源を、自分の記念碑を建てるために使わない。
●教会の益にならない活動に時間を割かない。
●大牧者なるイエス・キリストの導きを受け続けるために、祈りの生活を維持する。
●神の国に属さないものを求めることから、私たちの願いが聖められる必要がある。

右記の七つの原則に従うことにより、サタンからの攻撃が全くなくなるというわけではありません。しかし、少なくとも不当な攻撃を免れることになるでしょう。私たちがキリストに従い続ける限り、イエス・キリストはご自身の正当性を証明されるのです。ですから、私たちがイエス・キリストを正当化する必要はありません。

一六世紀に新しい務めが生まれ、多くの人々がその模範に従うことになったように、現在の終わりの時にも、新しい牧師たちが育ってきているのを私は見ることができます。彼らは真心から羊の世話をすることを願っており、自分のために生きているのではありません。その目標は神の国を建て上げることであり、決して自分の王国を建て上げることではありません。彼らは自分の考えに頼っているのではなく、聖霊に頼っています。キリストだけが与えることのできる真実を純粋に求めている人々にとって、そのような牧師たちの存在は、地域社会にあって新たな信頼を取り戻すことになるでしょう。

ですから、私は今世紀終わりの教会の将来について、楽観的に考えています。初代教会が私たちの模範です。彼らも完璧ではありませんでしたが、力に満ちあふれていました。また二〇〇〇年間の歴史をとおして、同じ間違いを繰り返さないように学ぶことができます。そして、キリストが最初になさった奇跡のように、神は最善を最後に残しておられるという約束が私たちのためにあるのです。

真理の回復

教会がバランスの取れた務めを世に対してしていくことの大切さを理解するためには、二〇世紀の人間がどこに向かっているかを知る必要があります。

昨年、西洋のある有名な都市を訪ねたとき、美術館に入りました。普段はあまりの忙しさのために、美術館などに入ることはありませんが、最近の芸術家たちがどのような絵を描いているのか興味があったのです。私は現代美術というコーナーに行き、そこでカンバスの上に描かれた非論理的な線を見ました。私は「これが芸術なのか？」と独り言を言いました。

「私の一番下の息子でもこれよりは上手に描ける」

しかし、私は批判的になる代わりに、自分のホテルに戻りながら、その美術館で見たことが何を物語っているかについて考えました。クリスチャンが現代の世の中の状態を分析し、それを批判することは非常に容易なことです。私たちは神の恵みによってクリスチャンになり、その結果クリスチャンとして生き、考え、行動するようになったのです。

しかし、世の人々がこの恵みをまだ受けていない人であることを考えたら、どうして彼らを簡単に裁くことができるでしょうか。神のしもべたちの責任は、世の人々を裁くことではありません。むしろ、埋もれている神の真理を掘り起こし、人々が理解できる形で愛をもって提供していくことなのです。

私たちが知っていた世の中と現在の世の中がすっかり変わってしまっていることに気づくのは難しいことではありません。ラジオのスイッチを入れるなら、いわゆる「ニューサウンド」というものを聞くことになります。もし私たちががまんして聞き続けることができたなら、それがもはやメロディーでもハーモニーでもなく、単なる騒音であるという結論に達するでしょう。作曲を支配していた規則は、そこからの自由を得る願いのために組織的に破壊されたのです。

こういった芸術や音楽の世界の背後には、極端な懐疑主義が蔓延してきていることが伺えます。神に対する懐疑だけではなく、基本的な真理に対する懐疑が広がっているのです。換言すれば、人類の様々な表現の分野において無秩序が一般的になっているのは、それ自体が秩序というものの性質に対する攻撃であるといえます。これを理解するためには、真理と秩序と規則の関係について理解しなければなりません。規則が存在するのは、秩序を保つためです。秩序が存在するのは、人が基本的に持っている真理の概念のゆえです。

秩序の崩壊

過去においては、作曲には秩序があり、意味を含んでいました。バッハの音楽には、偉大な均整があります。始まりがあり、終わりがあるのです。美術においても同様でした。偉大な傑作品は、人々が見るときにその主題を理解され、鑑賞されました。美術家たちも、絵画を見る人々が特定の理解や感情によって感動することを意図しながら描いたのです。ですから、その作品は意味を含み、人々にそれを伝えていたのです。

しかし、現代において不思議な劇的な変化が起こったのはなぜでしょうか。今日の社会において、継続的に秩序の崩壊が訪れているのはなぜでしょうか。私の意見では、真理に関する懐疑主義が秩序に対する攻撃を生み出しているのだと思います。

懐疑主義者とは、もはや真理の普遍性・信頼性・客観性を信じない人々のことを指しています。ですから、真理は主観的な現実によってつくられるものだと考えるのです。懐疑主義者たちはこのように言います。

「あなたにとって真理であることは、必ずしも私にとって真理ではありません」

懐疑主義者にとって、真理はもはや普遍的なものではなく、その意味を失っているのです。真理が意味を失っているので、当然懐疑主義者にとって真理の信頼性というものもありません。もはや客観的なものではないので、個人的、主観的なものに変わってしまっています。

その結果として、彼らは条件次第で変化する自分の倫理を正当化することができます。何が正しいことであるかは、時と状況の変化と共に変わっていくというわけです。美術家や音楽家たちは、自分たちの世代に一般的な哲学を解釈して作品に取り入れるので、彼らの絵画や音楽は現代の哲学の現実と正当性を信じ込ませるものとなっているのです。

この新しい傾向を理解する中で、懐疑主義は現代に始まったことではないことを付け加える必要があります。古代ギリシャの哲学者ピューロは、この哲学を教えた最初の代表的な人物として知られています。ですから、哲学や神学の世界では、懐疑主義のことをピューロニズムと呼ぶこともあります。これに対する私たちの解答はどのようなものでしょうか。

懐疑主義を奉じる人々が世の中にいることは今に始まったことではありません。新しいのは、知的社会全体にこの懐疑主義が広く受け入れられるようになったその幅広さです。これは西洋で始まり、東洋の私たちも影響を受けるようになりました。現代史から判断するなら、近い将来教会はこの問題に対してさらに大規模な対応を迫られることになるでしょう。

真理が相対的になるとき、それはもはや存在を失います。私が「これは真理です」と語るとき、自分の主観的な意見について語っているのではありません。その言葉を裏付ける普遍的な現実に基づいて語っているのです。つまり、その場合は状況の変化に関係なく言ったことが真理であることを意味しています。

哲学的な変遷

現代の哲学者のある人たちは、唯一普遍的な真理といえるのは科学的な数字だけであるとし、他の哲学者たちは、経験と論理についても真理ということができるとしています。たとえば、現在ソウルのヨイド純福音教会には三〇万人以上の教会員がいます。それは真理です。それを証明することはできますが、正確な数字は毎週変わっていきます。ですから、普遍的な真理とはいえないわけです。

かの「地球は水平ではなく、基本的に丸いものである」という言葉は、コロンブスがスペインから新世界に向けて航行する以前から真理であり、今も変わらない真理です。地球が崩壊しない限り、これは将来も真理です。

何がこのような懐疑主義を生み出したのでしょうか。わずか三〇年のうちにヨーロッパで起こった二度の戦争は、ヨーロッパ社会に大きな荒廃をもたらしました。物質的、社会的な荒廃だけではなく、知的な面でも荒廃が進んだのです。

一七世紀から一八世紀にかけて、一般社会はキリスト教の信仰を捨て始めました。それに代わって、特に一九世紀の知的社会では、人が知性と論理を用いることにより、正しく継続的に平和な社会を造り出すことができるという考えが生まれてきました。この哲学的な主張は広く受け入れられ、多くの神学者たちも同じことを言うようになりました。

人は医学の発展により、病気を克服することができるようになるでしょう。科学の進歩により、宇宙に存在するすべての謎は解き明かされることでしょう。そして、すべてが解き明かされたなら、人類は地上に平和を造り出すことができるでしょう。彼らはそのように信じ始めたのです。宗教については、ちょうど古代神話が消え去ったのと同様に、消え去るに違いないと思われていました。人は自分自身を信じ始めたのです。

それに比べて、東洋の社会はもう少し構造的でした。孔子が教えた倫理道徳の教えは、ほとんど東洋の社会全体に浸透しました。東洋では人口過密状態が続いていることもあり、周りの人々と共に共存していく方法を学ばなければなりませんでした。ですから、私たちの行動は、家族生活、職場、政治社会などを中心に回っているのです。東南アジアでは、仏教は宗教としての特徴が強いものでしたが、日本や韓国などでは、より哲学的な面が強くなっています。

第二次大戦後

けれども、第二次世界大戦は、私たちが所有していた多くの考え方や習慣を大きく揺さぶりました。アメリカは新しい侵略者でした。イギリスやポルトガル、スペインがしたように極東地域を植民化することはしませんでしたが、アメリカが享受している自由や民主主義に従って教化しようと試みました。ですから、私たちは新しい社会的・知的な秩序をアメリカに求めるようになったのです。

このアメリカという国と対話するために、人々は英語を学び始めました。ヨーロッパで発展した概念は、数十年を経て大西洋を渡り、アメリカの文化として根付くようになった後に、フィルムやテレビ、書物などの形で世界中に行き渡っていくというのが、現代史における一つの流れといえるでしょう。特に、第二次世界大戦の後には、懐疑主義が発展し、成長し始めました。一般社会において広まった実存主義（キルケゴールの実存的神学と混同してはならない）は、ハイデッカー、サルトル、カミュ、ベケットといったヨーロッパ大陸の哲学者たちによって促進されました。

英国においては、別の哲学の支流が根付き始めていました。バートランド・ラッセルは言語分析と呼ばれる哲学を主張する一人でした。人への積極的な見方に対する確信の喪失が、英国や後にはアメリカで、単に言葉を分析し定義する哲学を生み出したのです。使われている英語の言語を理解することにより、コミュニケーションが進歩の手段となると彼らは考えたのでした。

一般社会における、実存主義者たちの見解とは、「今この時に存在している」ことを重要視する見解です。普遍性と客観性は主観性に席を譲りました。一九六〇年代には、アメリカ合衆国も同様の社会的革命を体験しました。懐疑主義は主に国の知的階級の間だけにとどまっていましたが、その影響は次第に強くなっていました。その上に、ベトナム戦争は社会的な衝撃を生み出し、懐疑主義のもたらす無秩序な状態を促進する結果となりました。その頃から、愛国主義、絶対神に対する信仰、そしてアメリカの最も基本をなしている社会的な枠組みさえもが攻撃にさらされるようになったのです。

問題の根

アメリカ合衆国は、懐疑主義の最も陰険な面を克服したものの、基本的な信条は芸術や音楽の中に働いていています。その社会的・知的な傾向は、フィルムや書物などをとおして、世界中に輸出されていきました。映画の主人公は、かつてヒーローとして描かれていた人物像からかけ離れたものになりました。テレビの番組は、不道徳や性的倒錯を受け入れられているものとし、社会的な繁栄を使い果たす自由を宣伝する書物はたちまち世界中に影響を与えました。

過去数十年間の経済的繁栄は、クリスチャンが忌み嫌うような行為をするための余暇を増やす結果となりました。麻薬は政治家やビジネスの指導者たちにも使用され、犯罪ははびこり、ポルノは芸術として受け入れ、同性愛は選択の一つと認められるようになっています。これらは問題の症状に過ぎず、地域教会が直面していかなければならない問題の根本原因ではありません。

基本的な問題は、真理の普遍性と客観性を攻撃する懐疑主義にあります。このように失われた世代の必要に応えるために、私たちはどのような準備をしなければならないのでしょうか。

私たち皆が哲学者や神学者ではありません。しかし、私たちは皆、キリストによって愛の命令を受けている者たちです。ですから、私たちは次のような基本的原則に従っていく必要があります。

- 問題を理解する。
- 問題の根を理解する。
- 実際的な真理を示す。

多くの点で、説教を語るという仕事は容易なものとなってきています。私たちの社会における必要を満たすために科学と技術に信仰を置く人々に依存する必要性は、もはやなくなりつつあります。自分の良い点に確信を持ち、何も救われる必要はないと考える人々も少なくなっています。ですから、現在の人々は、より福音に心を開いているのです。これから後の人々は一層心を開くに違いありません。真理に対する攻撃は、真理であられるイエス・キリスト以外の誰も満たすことのできない空洞を人々の心に用意したのです。

●問題を理解する

すでに述べたように、問題は美術や音楽、また社会における秩序の崩壊が増えていることではありません。問題はより複雑です。それは普遍的・客観的な真理の存在を否定することが一般的になり、非常に増えていることです。彼らの主張が論理的でないことを指摘しても、懐疑主義者は痛くもかゆくもありません。彼らは論理的であることを少しも願っていないからです。

●問題の根を理解する

懐疑主義は理論として発展したものではありません。それはむしろ、人類の腐敗に対する感情的な反応として起こってきたものだといえます。聖書を信じるクリスチャンにとって、この傾向は新しいことではありません。聖書は常に、新生を体験していない人々は基本的に罪深い存在であり、人が道徳的に正しく生きることができるのは、ただ神の恵みによるしかないことを教えているからです。イエス・キリストは人類の罪を負って十字架上に死んでくださいました。罪のいけにえとなってくださったイエスを信じる人は、イエスが神の義を全うされたことにより、罪から救われるのです。

ですから、未来は私たちの手に握られています。福音的なクリスチャンだけが、現実を普遍的、客観的に捉えることができます。私たちには、創造者なる天の御父がいてくださいます。理解の源なる聖霊もまた、私たちと共におられます。そして、真理を日々の生活の中へ適用する教会というグループがあるのです。

無制限の教会成長に対するビジョンを捉え、その成長を効果的に扱うための組織的な方法を導入したのなら、懐疑主義者たちをとおして人々の中につくられた空洞を、教会が満たすことができます。けれども、教会は真理を明確かつ論理的に宣べ伝えるために、自分たちの能力だけに頼っていてはいけません。教会の任務は、聖霊の力によってその真理を宣べ伝えることなのです。

力の回復

「しかし、聖霊があなたがたの上に臨まれるとき、あなたがたは力を受けます。」（使徒一・８）

現代の教会が福音を語ることと、初代教会による宣教の違いは、力の差にあります。私たちは初代教会よりはるかに進んだ伝達手段を所有しているにもかかわらず、私たちの語るメッセージはかつてほどの力がないようです。違いは、聖霊です。これは個人の問題ではなく、教会全体としての違いです。

この問題を理解するためには、聖書の約束について学ばなければなりません。右に引用した使徒の働きの聖句には、二つの原則が記されています。

●この約束は個人ではなく全体に与えられている。

すなわち「あなたがた」という言葉は、複数形です。力の約束は、集団としての弟子たちに与えられたのです。聖書のある約束は、教会が集団として主張することのできるものになっています。ある特定の牧師や伝道者をとおして神の力が現されることを見ることはありますが、教会全体としては、まだ初代教会に現わされたような力を現在の教会に見ることはできません。

サタンは世俗主義、懐疑主義、共産主義、物質主義などをとおして教会に攻撃を加えてきます。その攻撃は一層激しくなっていきますが、それに対抗して、教会は新たな一致と協力の中で力を現していくしかないのです。

●この約束は確実なものである。

イエスは「あなたがたは力を受けるかもしれない」とは言われませんでした。約束は非常に積極的なものです。「あなたがたは力を受けます」と断言されているのです。ペンテコステの後に教会をとおして現される力についてキリストが確信を持っておられたのは、弟子たちの能力に信頼しておられたからではありません。弟子たちの勇気や、意志の強さに望みを置いておられたのでもありません。むしろ、聖霊ご自身の能力を信頼しておられたのです。

聖霊は、人間的な能力に乏しい人々を用いて、神の賜物を流し出す器とすることができる方です。聖霊は、一晩に三度もイエス・キリストを否んだペテロのような人物を、ローマ帝国の様々な地方から集まってきた人々に向かって大胆に福音を語る人物へと変えることさえできたのです。ペテロは明確さと力をもって、イエス・キリストの福音を宣言しました。

キリストは聖霊のゆえに確信をもっておられました。現在の教会も、ただ聖霊に依り頼むしかありません。牧師と呼ばれる人たちの中から真の牧者たちを起こし、無関心な信徒の中から力強い証し人を起こすのは、聖霊の働き以外にありません。

行動の力

私たちは、証をするための力を必要としています。使徒の働きの中で、イエスがなさった約束は、「わたしの証人となります」という非常に明確なものでした。神の「デュナモス」とは、単なる力ではなく、ダイナミックな使命感の力をも表しています。キリストは弟子たちに力を約束され、「証人」となると言われましたが、この言葉はギリシャ語「マルタス」です。証人には、三つの性質があります。

この「マルタス」という言葉から、英語の「殉教者」という言葉が派生しました。ですから、証人となるという言葉には、犠牲を払うという意味が含まれています。聖霊の力が教会に臨むとき、彼らはイエス・キリストの福音を大胆に語るようになります。たといそれが、大きな犠牲の伴うことであったとしてもです。実際、世界の中で、最も力強い証がなされている地域では、最も多くの犠牲が払われているのです。

ギリシャ語の元の意味によると、その言葉は裁判の中で証言する人のことを指しています。最も信頼のおける証人は、ある出来事を直接的に知っている人です。もし裁判所で証人が他の人から聞いたことを繰り返しているだけなら、その人の証言は重視されないでしょう。それは受け入れられないものとして裁判の記録から抹消されてしまうかもしれません。

聖霊の力は、キリストの栄光の輝きを直接的に体験させる力です。それによって、教会はキリストが主であるというすばらしい知らせを、目撃者のように証言することができるのです。この証言は、確実であり、信頼されます。

証人というのは、具体的に「わたしの証人」と呼ばれています。聖霊が力を与えてくださるのは、イエス・キリストの福音を語るためです。他のメッセージを語るためではありません。もちろん、福音には社会的・政治的・経済的な適用のできる面があります。けれども、教会の基本的なメッセージは変わることがありません。「十字架につけられたイエス・キリスト」を宣べ伝えるのです。

この典型的な例は、パウロの生涯に見ることができます。使徒の働き一七章から一八章を見ると、アテネとコリントという二つの都市の話を知ることができます。アテネは西洋の知的中心の都市でした。コリントは、発展した産業都市です。

アテネでは、パウロは一人で旅行をしていました。そして、町の人々に向かって、知性を用いて福音を説明したのです。コリントでは、パウロはテモテ、シラス、アクラ、プリスキラたちを伴っていました。彼はそこで理論的に福音を語っただけではなく、聖霊の力を実際に現したのです。アテネには短い期間滞在しましたが、コリントには六カ月間滞在しました。

アテネでは偉大な奇跡が起こったという記録は記されていません。しかし、コリントの状況は違いました。

「そして、私のことばと私の宣教とは、説得力のある知恵のことばによって行なわれたものではなく、御霊と御力の現われでした。」（第一コリント二・4）

アテネでは、教会が設立されたという記録は聖書に残っていません。コリントでは、分派という問題はあったものの、力強く賜物のある教会が設立されました。教会が真の成長を遂げていくためには、キリストのからだの一部として約束にあずかっているということを認識する必要があります。キリストの願いは、教会が力をもって福音を宣言することにより、この懐疑的な世の人々が明確な証に触れることなのです。

すべての人々が信仰をもって応答するわけではありません。しかし、世の終わりが来る前に、すべての人が明確な証を聞く必要があります。

一致の回復

ヨハネの福音書一七章二四節の御言葉は、長年にわたって説教され、祈られてきました。けれども、クリスチャンの一致という大きな目標はまだ実現されていません。歴史的にいって、伝道を妨げる最大の要因は、福音を宣べ伝える人々の中に一致がなかったことです。

私たちを分裂させようとする力に立ち向かう前に、私たちがキリストにあって誰であるかということを理解する必要があります。パウロはエペソ人への手紙の中で、キリストにある教会の立場について二〇のことを述べています。次に挙げるのは、教会の立場について述べているエペソ人への手紙の各節の簡単な注解です。

●選ばれた（一・4）
私たちがキリストを選んだのではなく、キリストが私たちを選んでくださいました。

●聖い（一・4）
私たちは聖い民として召されました。それは神に仕える者として取り分けられたという意味です。

●傷のない（一・4）
十字架の御業のゆえに、私たちは神の前で傷のない者です。

●あらかじめ定められた（一・5）
私たちはイエス・キリストの形に変えられる者としてあらかじめ定められています。
●恵みを受けた（一・6）
キリストと一つになることにより、私たちは神の恵みを受ける者とされました。
●キリストの遺産（一・11）
キリストが死んでよみがえられた後、私たちはキリストの遺産として受け取られました。
●前もって選ばれた（一・4）
世界の基の置かれる前から、神は私たちがキリストに属する者となるように決めておられたのです。
●ほめたたえる者（一・12）
私たちは父なる神に栄光を帰する賛美を捧げる者として造られました。
●証印を押された（一・13）
私たちは聖霊によって、確かな証印を押されています。
●神の所有（一・14）
私たちはもはや自分のものではありません。偉大な代価をもって買い取られたのです。
●座に着いた（一・20）
私たちはキリストの御座に、共に座らせられました。それはすべての権威に優る地位です。

●キリストの体（一・23）
私たちはこの地上におけるキリストのからだです。
●キリストの完全（一・23）
地上における教会の完全さだけが、キリストの完全さを地上で表すことができます。
●生かされた（二・5）
私たちは生かされ、霊的な命を与えられました。
●神の作品（二・10）
私たちは造り主に栄光を帰するために存在している神の傑作品です。
●同じ国民（二・19）
私たちは神の民である旧約聖書の聖徒たちとも同じ国民です。すべての権利と特権が同様に与えられています。
●神の家族（二・19）
私たちは神に最も近い親族となりました。家族の一員として受け入れられたのです。
●聖なる宮（二・21）
私たちは神の聖なる宮です。
●共同相続人（三・6）
私たちはキリストとの共同相続人です。ですから、キリストが相続されたものを私たちも相続することになります。
●神の軍隊（エペソ六・11〜17）
私たちは、防御と攻撃双方の武具を与えられました。それによってサタンと戦って勝つことができるのです。

ここで述べたキリストにある二〇の立場は、私たちがどのような存在であるかということを再認識させます。エペソ人への手紙の中で私たちが何と呼ばれているかを見るだけで、一つの共通していることに気づきます。それは、これらの立場はすべて、私たちの努力によって獲得したものではないということです。これらはすべて、キリストの働きによって与えられたものなのです。

神が恵みによって私たちをこのようにしてくださったので、私たちは自分の努力でそのようになる必要はありません。神の恵みから離れて、自分自身の力によって何者かになることはできないのです。一致という主題について考えるとき、この点が非常に重要となってきます。

長年の務めの中で、私が一貫して心にとめてきた一つの原則は「神の御心の川を見つけて、その中に泳ぎなさい。そして神の御心の力が働いて、あなたが神の目的の方向に流れるようにしなさい」というものです。ヘブル人への手紙の著者が「休み」について述べたのは、この意味であると私は思います。休むことは、消極的なことではなく、積極的なことです。しかし、それは私たちが努力することではありません。それは神の御心が私たちの内側に働き、継続する結果をもたらすということです。

御霊の一致

「平和のきずなで結ばれて御霊の一致を熱心に保ちなさい。」（エペソ四・3）

多くの教会が、一致を目指してきました。その努力は尊いのですが、彼らの問題は、人間的な努力によって一致を実現しようとしていたことです。新約聖書の教会は、教団教派によって分割されていたわけではありませんが、教団的な党派主義をもたらしたのと同様な力が働いていました。パウロに従う人々があり、アポロに従う人々がありました。ある人々はユダヤ教の敬虔さを保とうとするペテロを好み、他の人々は自由なテモテを好みました。

しかし、初代教会は争いや教理的な違いに対応する方法を持っていました。教会会議は、初代クリスチャンたちの性癖を変えることはできませんでしたが、交わりと対話の態度を保つことにより、一致を守ることができたのです。

私たちはキリストのからだの一致を保つようにと命令されています。エペソ人への手紙四章三節の聖句に関して、ここでは三つのことを見てみましょう。

●私たちが保つように命令されている一致は、御霊によってもたらされたものです。聖霊は調和の御霊であり、争いの霊ではありません。聖霊は、誠実に聖霊との交わりを続けるすべての人々を一致に導くことができるのです。一致とは、心の態度であるといえます。それは他の教会と常に対話をしていなければならないということではありませんが、いつも協力的な態度を保つということです。

●私たちは一致を保ち、守らなければなりません。「保つ」と訳された言葉の原語は、哨兵の活動を意味しています。私たちは、注意深く見張る態度を崩してはいけません。絶えず目を覚まし、気を配り、注意していなければなりません。哨兵が勤務中に眠っていては困ります。パウロは、サタンが絶えず一致を攻撃してくるので、私たちは見張っていなければならないと書いたのです。サタンは私たちの一致を崩すことに成功したなら、私たちの力を恐れる必要がなくなるからです。

●一致を保つ秘訣は、平和のきずなにあります。平静な態度を保つのは難しいものです。この世の心配が心の平和を奪うことが多いのです。平和が奪われると、もはや御霊の一致を保つために目を覚ましていることは難しくなります。ですから、心の平和を保つことは非常に重要です。

信仰の一致

教会が信仰の一致に到達するとき、キリストのからだはついに成熟したと考えることができます。

「**こうして、キリストご自身が、ある人を使徒、ある人を預言者、ある人を伝道者、ある人を牧師また教師として、お立てになったのです。それは、聖徒たちを整えて奉仕の働きをさせ、キリスト**

のからだを建て上げるためであり、ついに、私たちがみな、信仰の一致と神の御子に関する知識の一致とに達し、完全におとなになって、キリストの満ち満ちた身たけにまで達するためです。」（エペソ四・13）

すでに述べたように、務めの目的は、信徒たちを整えることです。けれども、信徒たちを訓練する仕事は、教会がキリストをより完全に理解するときに初めて完成されます。私たちが信仰の一致に達するとき、この高尚な目標が達成されるのです。

聖霊によって初めて教会が生まれたとき、クリスチャンたちは一つの場所に一つの心で集っていました。彼らはまだ幼いクリスチャンとして、理想主義的でしたが、純真でした。

この二〇世紀の終わりに、私たちは同じ聖霊によって、同じ機会に直面しようとしています。聖霊は教会を完成するために働いておられるのです。二〇〇〇年の歴史は、私たちが学んで現在への教訓とするためにあります。過去と同じ失敗を繰り返して言い訳することはもはやできません。

一致がもたらされるとき、メッセージと働きに新しい力が加えられます。その新しい力は、無制限の理解力へとつながります。そして、この新しい理解力により、神が願っておられる全体としての成熟が生まれてくるのです。未来は易しくはないでしょう。しかし、すべてのキリストの体の部分が、霊的にも数においても成長することは可能です。

回復の過程はすでに始まっています。回復は人によって始まったものではありませんが、それを保ち続けるためには人の協力が必要です。教会成長運動は、その過程の中で重要な部分の一つです。未来のチャレンジは、各教会ごとに直面していかなければなりません。聖霊の力を帯びた教会の中では、必ず一人ひとりのクリスチャンも意義深い成長を遂げていくのです。

あとがき

そうか、このことだったのか！

「一億二千万以上の人口の日本で、約十分の一に当たる一千万人の救いを目標にして宣教活動を始めましょう」

と、一七年前、チョー先生と日本の委員会の先生方とで始められました。

その当時は、夢とか幻という言葉は初耳であり、明確な目標をもって教会成長を導いて行くというような考え方はなかったようです。ですから四方八方から非難の声があがりました。

「一千万などとそんなとほうもない数字は言うべきではない」

「残り一億一千万人は救わないのか」など様々の考えられないような非難の声を聞きました。

今にして思えば無理もないことでした。

「聖く、貧しく、美しく」がクリスチャンの理想的な姿と思い込んでいたような時代だったからです。

家の教会でしかも信徒で女性が、メッセージをし、祈りをし、いやしと不思議の業をどんどん起こしていくという論に到っては、もっと理解されにくいようでした。伝道やメッセージ、祈りは牧師の仕事で、それを信徒にさせてはならないとよくお叱りを受けたものです。

一方、チョー先生の教会成長の原則をいちはやく受け入れ、さっそく区域礼拝をもつように導かれた先生方も多くありました。しかし、ヨイド純福音教会のような訳には行きませんでした。家の教会を指導する人々が成長して来ないし、家庭礼拝を開いても長つづきせず、皆が重荷に感じるようになって、いつの間にか止めてしまうという風でした。

やはり、あれは韓国方式だった。韓国の韓国人の集まる、韓国のための教会だからできる、けれど、日本はむつかしい、日本はダメだと、そんな空気が蔓延するようになりました。

しかし、教会成長したい。しなければならない。しなければ治まらない。して当然だという教会成長に対する熱い火種は、かき消されることなく、くすぶり続けながらもどんどん広がり、燃え続けて行きました。

やがてアルゼンチン、アフリカ、トロント、ペンサコーラなどの大リバイバルが伝わり、日本にもその恵みがドーッと波のように押し寄せて来ました。それは本当に教会成長を願って真剣に立ち上がり、戦い、模索し続けて来られた先生方に、大きな大きな希望と助けになりました。特別に偉大な選ばれた器でなくても、信徒でも誰でもが、いやしの業をし、預言をし、励まし、礼拝を導けるということを体験し始めたからです。

そして、それらのリバイバルの根源をさがして行くと、やはり、祈りにあり、断食祈祷にあり、家の教会にありました。ホームセルリーダー、信徒指導者、小牧者など呼び名は変わっても仕事は同じでした。聖霊の圧倒的な力によって多く救われて来た信徒たちを、充分に養い育て、キリストの身体の有能な肢体の一部として機能するようになるためには、やはり、祈り、断食、区域礼拝が必要なのです。

この度マルコーシュ・パブリケーションから出されます『教会成長100倍の秘訣』の中には家の教会、つまり区域礼拝を組織し、維持し、発展させる原則が宝のようにあちこちに描かれています。

今これを読んでくださる方々は、一七年前には、ボヤーッとしか、あるいは理論としてしか理解出来なかったことが、一行読み進まれるごとに、ハッシと膝を打って、

「ああ、そうか、そうそうなんだ、このことか、この意味だったのか、そうだ、この通り！」

と感動し、踊りながら読んでいただけるのではないかと期待されます。

イエス・キリストは昨日も今日も永遠に変わらないお方、教会成長の原則もはやり、永遠に変わらず、どこの国でも同じでした。

今世界中がリバイバルに目覚め、リバイバルをつかみ、リバイバルに向かって突進しています。この期にマルコーシュ・パブリケーションから『教会成長100倍の秘訣』を出版していただきますことを心より感謝申し上げます。

リバイバルの一翼を担えるものとなりますよう心よりお祈り申し上げます。

主イエス・キリスト教会牧師
幸福への招待　代表取締役

大久保みどり

著者
ダビデ・チョー・ヨンギ牧師
1936年2月14日、韓国の彦陽南東の村に生まれる。
米国ベニサイ聖書大学より名誉神学博士号授与。
カリフォルニア神学大学院より文学博士号授与。
現在、75万人の会員を擁する世界最大の教会
ヨイド純福音教会（ソウル）主幹牧師。
著書に『人生成功の秘訣』『問題解決』
（共にマルコーシュ・パブリケーション）がある。

教会成長 100倍の秘訣 定価（本体1500円＋税）

1997年 7 月15日　発行

著　者　　ダビデ・チョー・ヨンギ
訳　者　　マルコーシュ翻訳委員会
発行所　　マルコーシュ・パブリケーション
〒187 東京都小平市小川東町1821-131
電話 0423(41)9722　　FAX 0423(45)8409
振替 00110－7－45754

ISBN4-87207-167-0 C0016　　印刷所　東信社